von Koelbels aus Halle, Weihnachten 1995

Werner Piechocki · Ingo Gottlieb

HALLE

Ein Stadtbild im Wandel

Fotografien von gestern und heute

Wartberg Verlag

Fotonachweis: Stadtarchiv Halle (10): 13, 19, 22, 24, 27, 30, 36, 41, 44, 45. Sammlung Dr. Werner Piechocki (2): 12, 34.
Alle übrigen Fotos: Ingo Gottlieb.

1. Auflage 1995

Druck: Druckhaus Darmstadt GmbH
Buchbinderische Verarbeitung: Fikentscher, Darmstadt

34281 Gudensberg-Gleichen, Im Wiesental 1
Tel.: 05603/4451 u. 2030
ISBN 3-86134-259-6

Vorwort

Halle - Stadtbild im Wandel

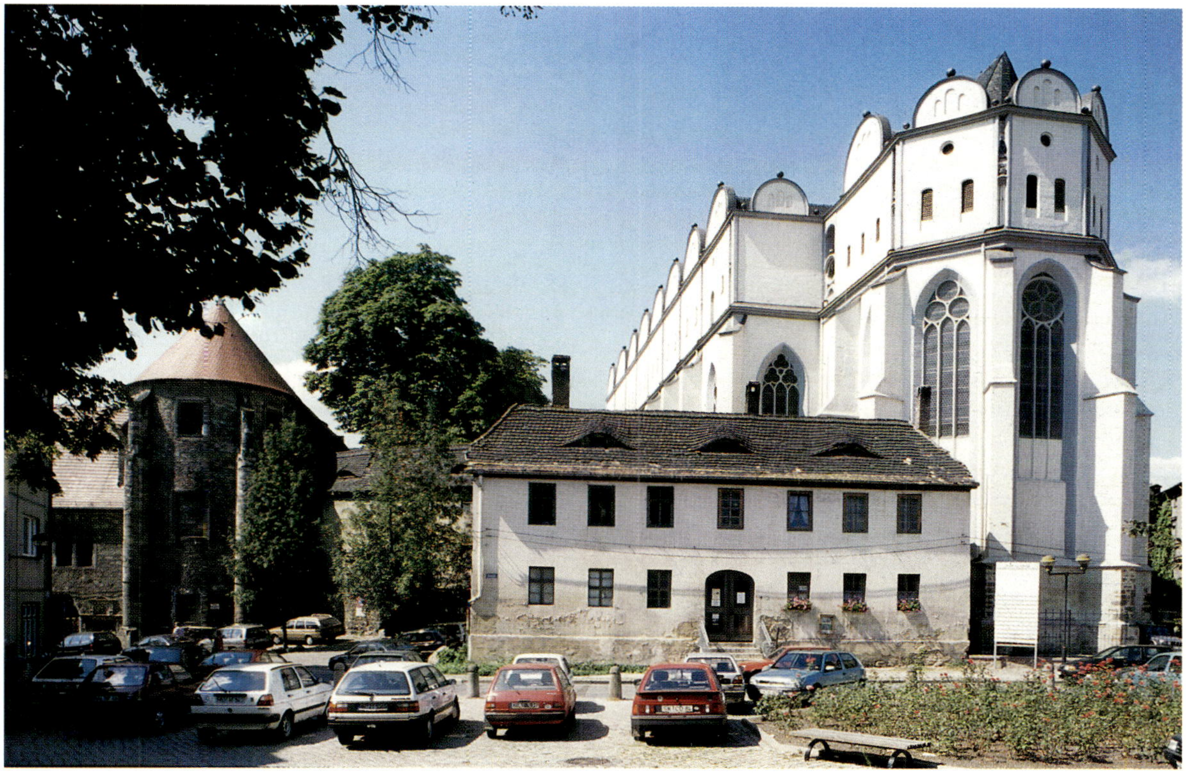

In den letzten Jahren erfuhr der Dom eine umfassende denkmalgerechte Restaurierung. Die Außenhaut des Mauerwerks mit dem Hohen Chor erstrahlt in hellen Farben, die die alten Strukturen erkennen lassen; ebenso die Standfelder und Rundgiebel der Dachzone

Die uralte Salz- und Schulstadt Halle an der Saale erlebte im Laufe ihrer über tausendjährigen Geschichte einen vielfältigen Wandel, von dem neben schriftlichen Überlieferungen in Chroniken und Archiven vor allem die Bauten eindrucksvoll Zeugnis des städtischen Lebens, der Kultur und des Gestaltungswillens der Bürger ablegen.
Vom Ältesten hat sich im Laufe der Jahrhunderte nicht viel erhalten, denn Brände, Kriegsschäden und Verfall taten das Ihrige, um viel uns heute wertvoll erscheinende Denkmäler früherer Epochen im Nichts versinken zu lassen. Doch wenn Steine reden könnten, würden sie von Glanzzeiten und schlimmem Niedergang, vom Strukturwandel der Altstadt, von der Bedeutung mittelalterlicher Straßenzüge oder vom Bedeutungsverlust einst wichtiger Plätze berichten können. So ist das ursprüngliche Zentrum der ältesten Stadt, der Alte Markt, heute zu einem stillen Wohnquartier geworden, während nur wenige hundert Meter nördlich davon ein neuer, großer Marktplatz entstand, in den 15 altstädtische Straßen und Gassen einmünden. Der Salzhandel brachte der Stadt Wohlstand. Selbstbewußter Bürgersinn und Frömmigkeit schufen früh die romanischen Kirchen St. Marien und St. Gertrauden, die im 16. Jahrhundert zu einer spätgotischen Hallenkirche, der Marktkirche St. Marien, vereint wurden und deren vier Türme mit dem von 1418 bis 1506 errichteten Roten Turm, einem freistehenden Glockenturm, die weithin sichtbare Stadtkrone bilden.
Auf der Ostseite des Marktplatzes standen das Alte Rathaus und das Wagegebäude, Sitz des Rates und seiner Verwaltung das eine, Versammlungsort aller Bürger bei wichtigen Entscheidungen und Mittelpunkt vieler Feste das andere. Beide Bauten versanken Ende März 1945 in Schutt und Asche, ihre Trümmer wurden beseitigt, so daß sich die Fläche des Marktplatzes erheblich vergrößerte. Die Weite und Größe dieser Anlage im Zentrum der Altstadt vermittelt von allen Seiten her ein eindrucksvolles Schauerlebnis. Im Mittelalter war der Markt dicht mit Verkaufsständen und Marktbuden aller Art bebaut, neben den beiden Kirchen standen die Beinhäuser und rundum lagen die Kirchhöfe. In der Renaissancezeit wurde der Markt „abgeräumt“ und modernisiert.
Neben den Kirchen und offiziellen Stadtbauten wurde eine beachtliche Zahl von Bürgerhäusern umgestaltet oder neu errichtet. An der Nordwestecke entstand der Gasthof „Goldener Ring“, während die Nordseite des Marktes durch die Bauten des Patriziers und erzbischöflichen Kämmerers Hans von

Schönitz ihre noch heute erhaltene Gestaltung erhielt. Ab 1522 stand hier der Stadtpalast „Kühler Brunnen“ mit Arkaden, die einen Innenhof umschlossen, mit Festsälen, Wohn- und Wirtschaftsräumen, die einst glanzvolles Leben sahen, ehe sie im Laufe der Jahrhunderte immer mehr verkamen und schließlich zu Ruinen wurden.

Die Chroniken dieser Zeit starker baulicher Veränderungen in unserer Stadt berichten wohl auch von mißbilligenden Stimmen. Wie stolz jedoch die Bürgerschaft auf die Bauten war, die nun der Stadt das charakteristische Gepräge gaben, belegt die Einweihungsurkunde des Roten Turmes vom 24. Juli 1506. Wörtlich heißt es hier, daß dieses Werk „Ergebnis eines kraftvollen und rühmlichen Fleißes sei“, und geschaffen ist „zum Lobe des allmächtigen Gottes, der unbefleckten Jungfrau Maria und aller himmlischen Heerscharen, wie auch zum Preise der berühmten Stadt Halle, ihrer Gesamtgemeinde und selbst ihrer ganzen Umgebung“.

Eine ähnlich große und noch radikalere Umgestaltung als in der Renaissancezeit erfuhr Halle seit dem frühen 19. Jahrhundert. Es ist ein Prozeß, der sich eigentlich bis in die Gegenwart fortgesetzt hat und noch andauert.

Die Stadt erlebte nach 1830 einen ungeahnten wirtschaftlichen Aufschwung, der begünstigt wurde durch die vielseitige industrielle Nutzung der reichen Braunkohlevorkommen in der Umgebung und durch das Erschließen günstiger Verkehrsverhältnisse, insbesondere durch den Anschluß an das mitteldeutsche Eisenbahnnetz (1840: Magdeburg - Halle; 1846: Halle - Erfurt - Eisenach; 1859: Halle - Guben- Sorau; 1866: Halle - Kassel).

Die Schriftstellerin Anselma Heine (1855/1930) hat in ihren Erinnerungen „Mein Rundgang“ diese erste Phase der Industrialisierung unserer Stadt liebevoll kritisch geschildert. Sie schreibt: „In der Tat war das Halle der fünfziger Jahre kein froher Aufenthalt. In den krummen engen Gassen kam man sich wie eingesperrt vor. Auf dem unregelmäßigen Kopfpflaster rumpelten unerträglich laut die schweren Lastwagen der Umgebung, die Vieh und Ackerfrüchte durch die Tore brachten. Auch Baumaterial. Denn in Halle wurde damals viel gutes Altes umgerissen und mancherlei schlechtes Neues gebaut. Noch war bei Einwohnern und Behörden der Sinn für die Harmonie eines Stadtbildes nicht geweckt. Allerorten mußte der sichere Geschmack alter Patrizier dem Billigen und Behelflichen weichen. Es schwanden die trotzigen mittelalterlichen Türme, schöne Höfe wurden mit Scheußlichkeiten verbaut.“

Die ersten größeren Maschinenfabriken lagen noch im Altstadtbereich, wurden dann aber in Außenbezirke oder Vororte verlagert, wo sie sich stark vergrößern konnten. Der Zuzug arbeitssuchender Männer mit ihren Familien in allen Bereichen der Industrie ließ die Einwohnerzahl rasch ansteigen: Halle zählte 1840 rund 28.000 Einwohner, genau 50 Jahre später überschritt die Stadt mit 100.000 Menschen die Schwelle zur Großstadt. In diesen fünf Jahrzehnten legte sich um die historische Altstadt ein Ring neuer Wohnviertel nach dem anderen, durchsetzt mit Fabriken und Werkstätten aller Art, in denen hinzuziehende Menschen ihre Existenz suchten. Über die Aufbruchstimmung dieser Zeit schreibt der bekannte Politiker und Schriftsteller Arnold Ruge (1802-1880) schon am 14. Mai 1840 an seinen Freund Rosenkranz: „Auch wird Halle mächtig verschönert und seine Bedeutung als Centralpunkt der Haupteisenbahnen in Mitteldeutschland um das zehnfache noch steigern. Vor dem Leipziger Thor entsteht eine neue Stadt, die alte kriecht aus sich heraus, und wir sind nicht übel aufgelegt, mit Leipzig in Concurrenz zu treten ...“

Die Vergrößerung des Stadtgebietes, das Hinauswachsen über seine durch Wälle, Mauern, Tore und Türme geschützten historischen Grenzen brachte einschneidende bauliche Veränderungen mit sich, deren Für und Wider unter der Bürgerschaft heftig erörtert wurde. Über viele Jahrzehnte zog sich der Abbruch der alten, militärisch längst übeflüssigen Stadtbefestigung hin, nur wenige Reste der alten Stadtmauer und der Leipziger Turm überdauerten die Abräumung. Für die Bewahrer der Tradition verschwanden Zeugnisse stolzer Geschichte des wehrhaften Bürgertums, für die Fortschrittler dagegen überflüssige Trümmer, die, wenn sie auch lauschige Winkel und romantische Ausblicke boten, einem modernen Stadtbild Platz zu machen hätten.

Mit großen Anstrengungen setzte man die angestrebten Veränderungen durch: Man legte, dem ehemaligen Verlauf der alten Stadtmauer folgend, rings um die Altstadt Promenadenwege an, in die breite Fahrstraßen eingebettet waren. Neben ihnen entstanden repräsentative Bauten wie das Universitätsgebäude (1834), das Stadttheater (1837, Neubau 1886), die Post (1840) sowie Geschäftshäuser, Hotels, Verwaltungs- und Gerichtspaläste, alles umgeben von einem Grüngürtel.

Die Umgestaltung historischer Straßenzüge in der Altstadt begann um die Jahrhundertwende. Schon 1868 war die mittelalterliche Saline unterhalb des Marktplatzes geschlossen worden, ohne daß sich wesentlicher Protest erhoben hätte. Als jedoch nach 1880 das letzte Zeugnis dieser ehrwürdigen Vergangenheit der Salzproduktion, das Talgerichtsgebäude, abgerissen werden sollte, gab es zum ersten Male von denkmalbewußten Bürgern Widerspruch. Er hatte Erfolg: Die Stadt ließ die wertvollen Inneneinrichtungen bergen, um sie später ins neue Museumsgebäude auf der Moritzburg als Braut- und Gerichtszimmer wieder einzubauen.

Dort können sie noch heute in ihrer alten Schönheit bewundert werden.

Um die Wende vom 19. zum 20. Jahrhundert gerät auch das Gebiet um den Alten Markt in die Schlagzeilen öffentlicher städtebaulicher Überlegungen, wobei sich Unternehmerpläne und kommunalhygienische Ansprüche in eigentümlicher Weise verquicken. Durch den Neubau des Möbelhauses Martick auf der östlichen Seite dieser historischen Platzanlage, dem die älteste hallesche Kirche St. Michael zum Opfer fiel, kam es wieder zu heftigem Streit, ob es notwendig sei, solche historischen Zeugnisse zu erhalten oder ob sie bedenkenlos abgerissen werden dürften. Der verdienstvolle hallesche Historiker Professor Dr. Karl Heldmann wandte sich 1906 in einem Artikel „Das älteste Baudenkmal von Halle“ gegen den Abriß dieses Gotteshauses

und schreibt: „Halle ist arm an Denkmälern aus der Frühzeit seiner Geschichte. Fast alles, was es besaß, haben Pietätlosigkeit und Unverstand früherer Zeiten beseitigt. Wäre da halleser Bürgersinn nicht imstande, das älteste Denkmal, was die Stadt besitzt, das vielleicht Halles städtische Entwicklung von ihrem Anfang an begleitet hat, in letzter Stunde noch vor dem Untergang zu bewahren? Ein Bauwerk, das so, wie es dasteht, selbst das ehrwürdigste Denkmal halleschen Bürgersinns ist? Möchten diese Zeilen doch helfen, den Idealismus unserer Mitbürger für dasselbe auf den Plan zu rufen!" Doch es gab auch viele Stimmen, die sich gegen eine „übertriebene Altertumsliebhaberei" wandten.
Mit der Umgestaltung des Talbezirkes zum Hallmarkt war auch das uralte Stadtviertel der Salinenarbeiter, der Bornknechte und Salzwirker (Halloren) nicht mehr zu erhalten.
Die Stadt mußte dem Drängen von Ärzten und Hygienikern nachgeben, die hier in diesen ungesunden, dunklen und engen Häusern den Herd von Cholera und anderen Krankheiten sahen. „Das sterbende Trödelviertel" heißt eine Reportage im „General-Anzeiger für Halle und den Saalkreis" von 1913, die vom Untergang des ältesten halleschen Stadtviertels berichtet, jenes Viertels, in dem Generationen von Menschen lebten, die durch ihre fleißige Arbeit in der Salzproduktion den Wohlstand der mittelalterlichen Stadt geschaffen hatten. „Der Abbruch des Trödelviertels ist im Gange: der Hanfsack und die Steinbockgasse sind bereits vom Erdboden verschwunden. Im Trödel selbst und im Schülershof zerrt bald hier, bald dort die Spitzhacke an den alten baufälligen Häuschen, krachend führt die Axt in das Gebälk und als Totengräber harrt der Spaten immer neuer Arbeit."
Nach der Novemberrevolution 1918 beschäftigte sich der Architekt Martin Knauthe, Mitglied der „Halleschen Künstlergruppe", mit den städtebaulichen Planungen der Zukunft. In einem Artikel „Bausünden in Halle" protestiert er dagegen, daß noch immer im Trödel- und Gerberstraßenviertel Menschen in „scheußlichen, nassen und dreckigen Buden wohnen müssen". Der Autor nennt sie „Museen auf Abbruch" und fordert programmatisch: „Die neuen Wohnkulturen gehören ... in gesunde Gegenden. Alte und unhygienische Stadtviertel kommen unter die Hacke, an ihrer Stelle entstehen Gemeindebauten. Fabriken müssen dahin, wo sie die Einwohner nicht belästigen können." In den zwanziger Jahren wurden dann am südlichen Stadtrand große, moderne Wohnviertel gebaut. Es entstanden das Gesundbrunnenviertel und die Siedlung Vogelweide. Wurde das erste noch mehr im konventionellen Siedlungscharakter errichtet, so sind die Vogelweidebauten Wohnzeilen im zeitgenössischen Bauhausstil. Sie dienten beide mit ihren Kleinwohnungen den Wohnungssuchenden mit geringem Einkommen.
Auch nach dem Ende des zweiten Weltkrieges fehlte es nicht an Stoff für denkmalpflegerische Auseinandersetzungen im Spannungsfeld der Neugestaltung der Stadt, insbesondere dann, wenn es galt, bombengeschädigte Bauten vergangener Epochen wiederherzustellen. Unvergessen die heftige Debatte über die Zukunft der Ostseite des Marktplatzes mit den Ruinen der Wage, des Alten Rathauses und des sich anschließenden Barockflügels, der den Sitzungssaal enthielt. Gegen die Mehrheit der bürgerlichen Fraktionen setzte damals der SED-Machtapparat den vollständigen Abriß zugunsten geplanter Verwaltungsneubauten durch, die dann nie errichtet wurden!
Ähnlich verhielt es sich mit der „Börse", dem uralten Schöffenhaus in der Südwestecke des Marktplatzes: mit seinem Abriß Mitte der sechziger Jahre wurde unverzeihlicherweise die architektonische Geschlossenheit der Anlage zerstört. Die Lücke mit einem Bau zu schließen, der das historisch gewachsene Randgefüge wiederherstellt, ist ein dringendes städtebauliches Erfordernis. Dann wäre auch das Bild des Marktplatzes mit seinem einzigartigen Wahrzeichen, den fünf Türmen in seinem Zentrum, wieder in voller Geschlossenheit wirksam und erlebbar. „Hier haltet an! Ich sehe nah und näher
Die Turmgebäude vielgeliebter Stadt!"
läßt Goethe die Figur der Schauspielkunst sagen in seinem Vorspiel zur Eröffnung des Theaters im Juli 1814.
Eine verfehlte Baupolitik in den letzten Jahrzehnten hat die historische Altstadt und auch viele modernere Stadtviertel Halles zugunsten monotoner Plattenbausiedlungen (Halle-Neustadt, Trotha und Böllberger Weg) bewußt vernachlässigt und an den Rand des Abrisses gebracht. Den Verfall der historisch wertvollen Substanz, den Ruin ganzer Straßenzüge von Mietshäusern und Villengegenden aufzuhalten, zu restaurieren, das ist die Aufgabe unserer Tage und sicher auch noch vieler kommender Jahre. Den erfolgreichen Beginn dieser Bemühungen sieht man an vielen Stellen in der Stadt. Einheimische wie Gäste sind immer wieder erstaunt, welche historische Vielfalt an Formen, welcher Reichtum an moderner Gestaltung an den erneuerten Gebäuden zutage tritt, der Zeugnis ablegt von der tausendjährigen Geschichte Halles.

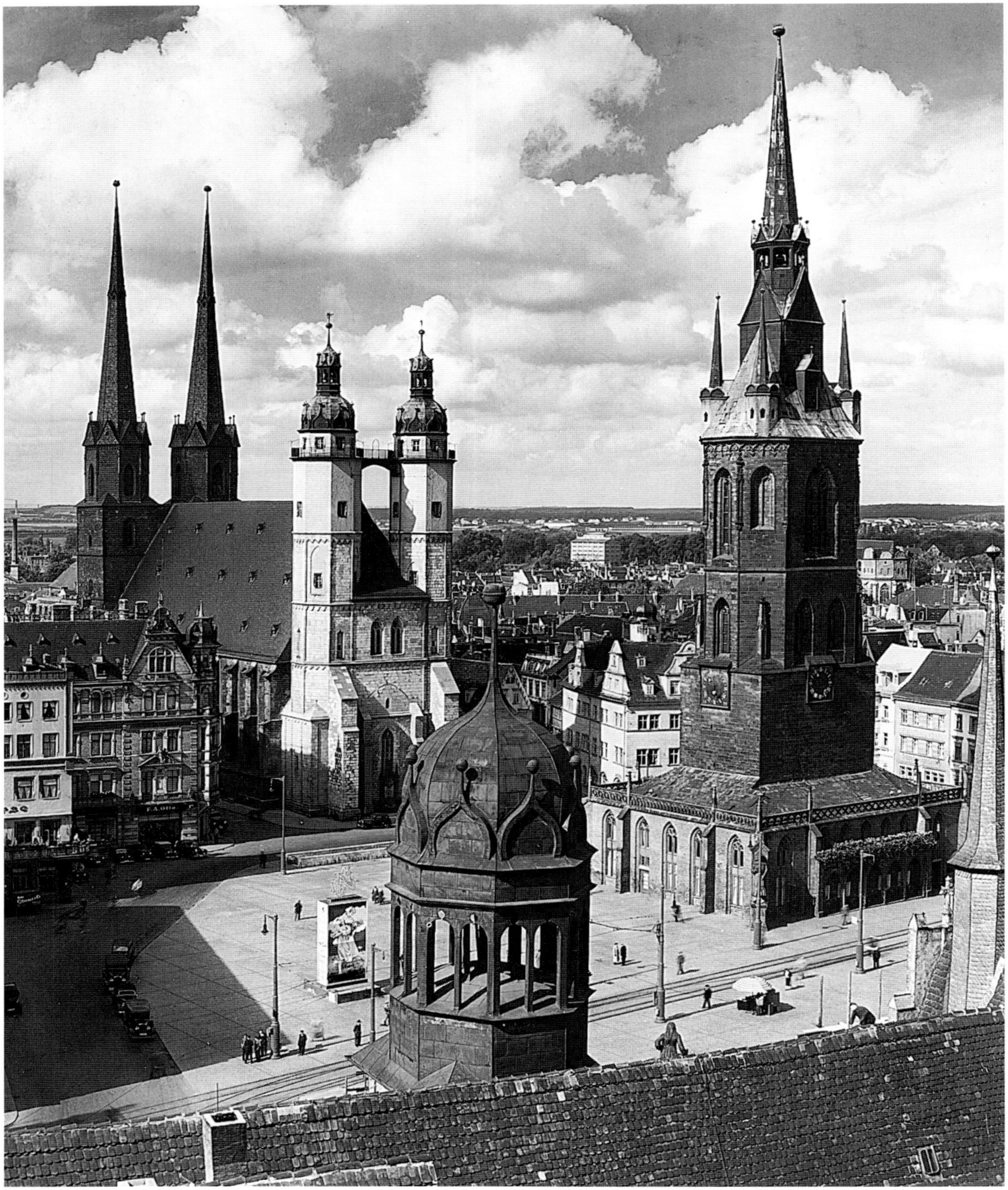

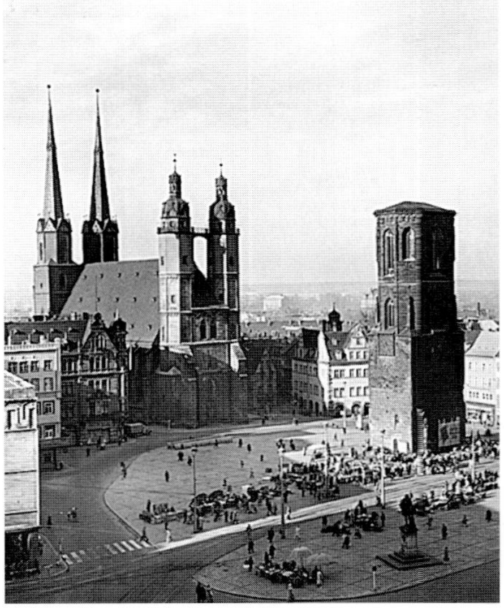

Der Marktplatz mit seinen fünf Türmen ist seit dem Mittelalter trotz vieler Wandlungen das Wahrzeichen der Stadt. Die vier Türme der Marktkirche, in dieser Gestalt Mitte des 16. Jahrhunderts vollendet, und der Rote Turm, als freistehender Glockenturm von 1418 bis 1506 erbaut, ragen hoch über die Dächerlandschaft und sind weithin zu sehen
Auf der Vorkriegsaufnahme *(Foto links)* sehen wir im Vordergrund den Dachfirst und die Laterne des Alten Rathauses, das am 31. März 1945 Bomben zum Opfer fiel. Das Nachkriegsfoto *(oben)* zeigt den Stumpf des im April 1945 zerstörten Roten Turmes ohne den neogotischen Umbau.

Das Foto *(S. 7)* von heute läß die Weite des halleschen Marktplatzes erkennen, den viele Straßenbahnlinien kreuzen; täglich wird hier Markt abgehalten
Der Wiederaufbau des Roten Turmes mit einer modernen Glasummantelung erfolgte 1974/75.

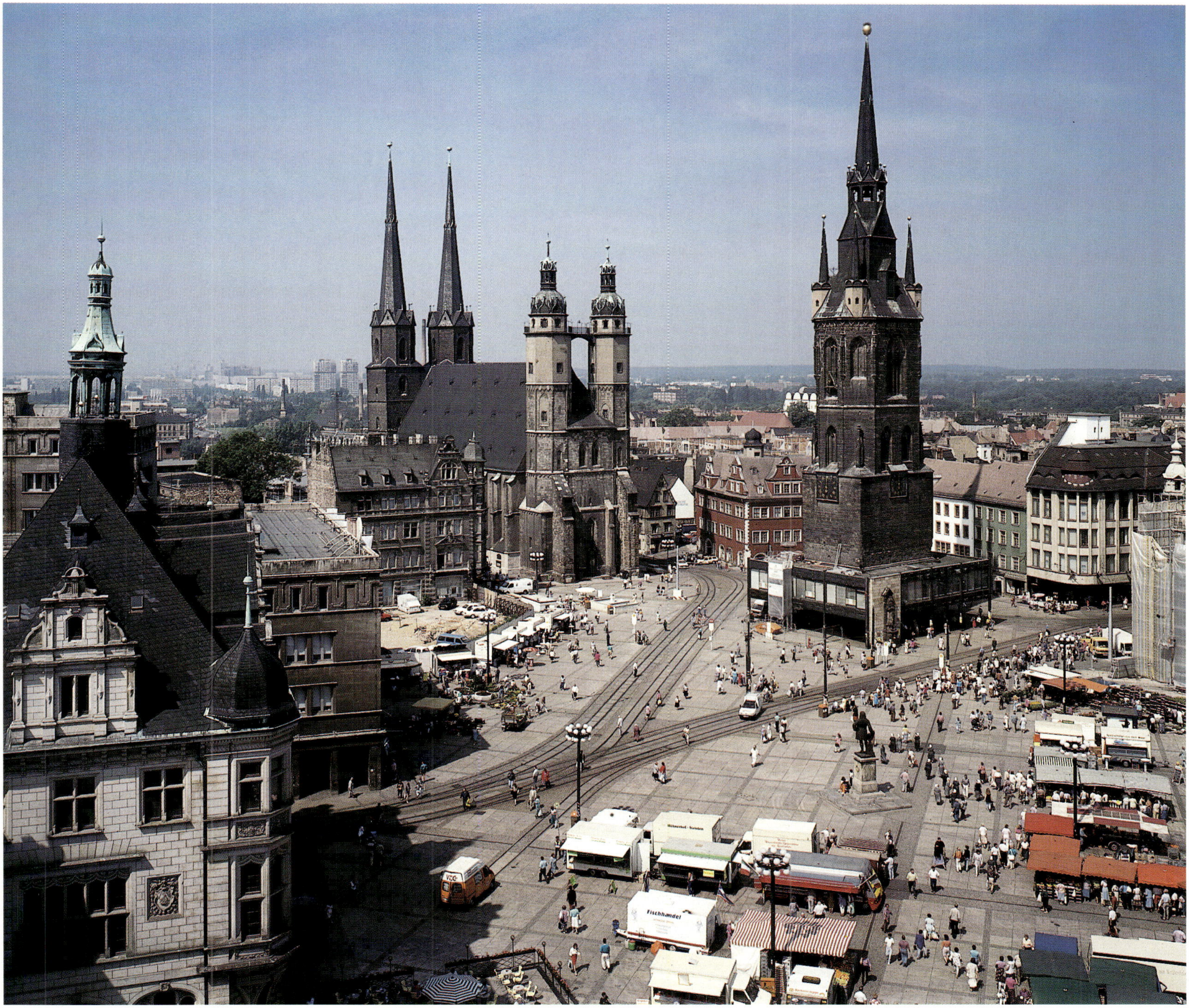

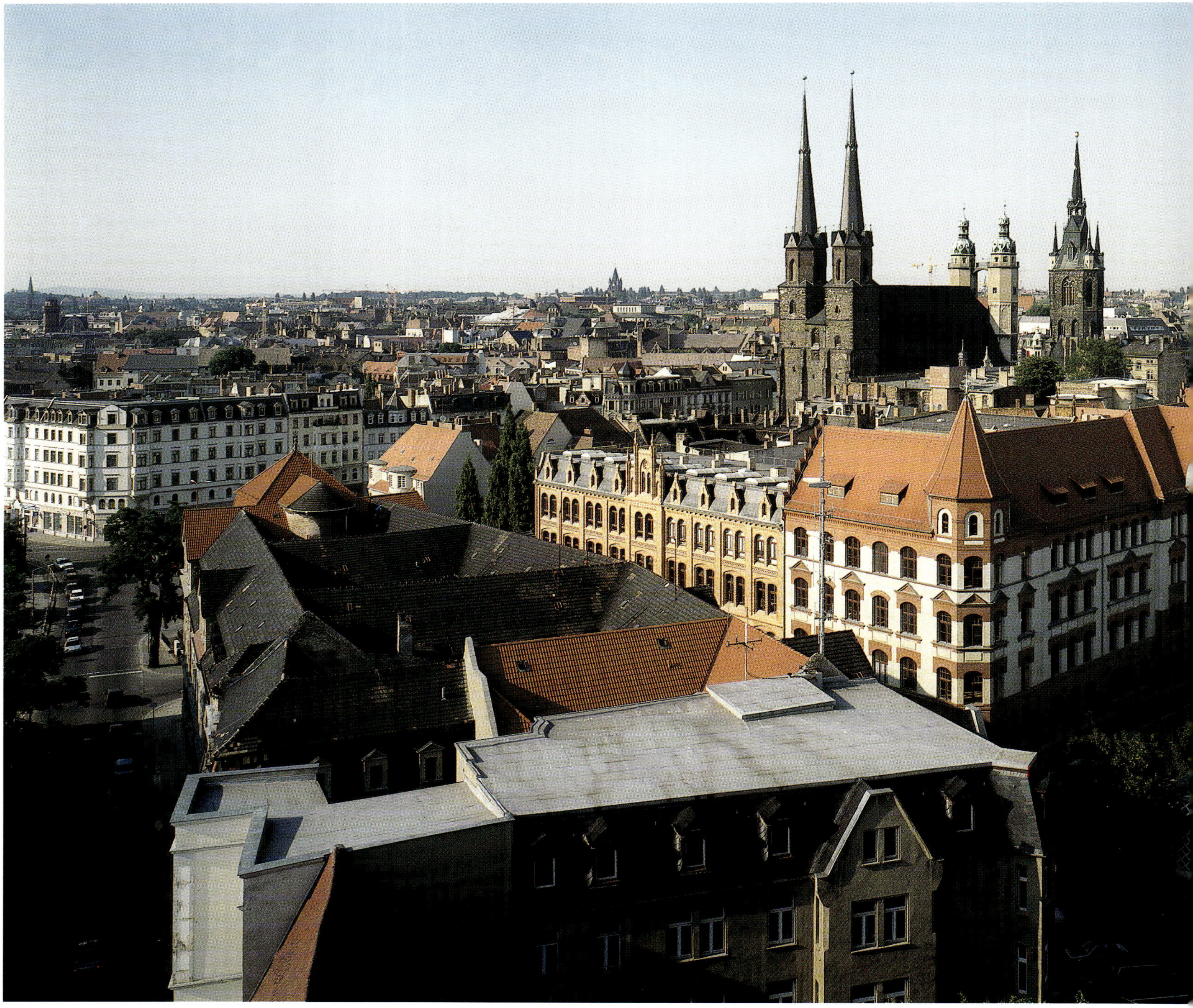

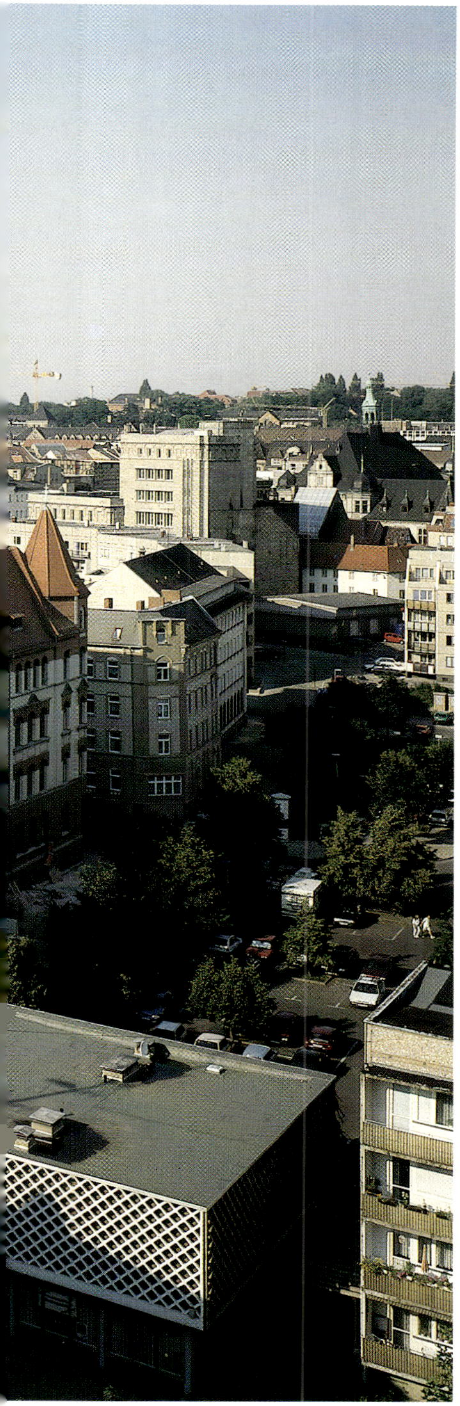

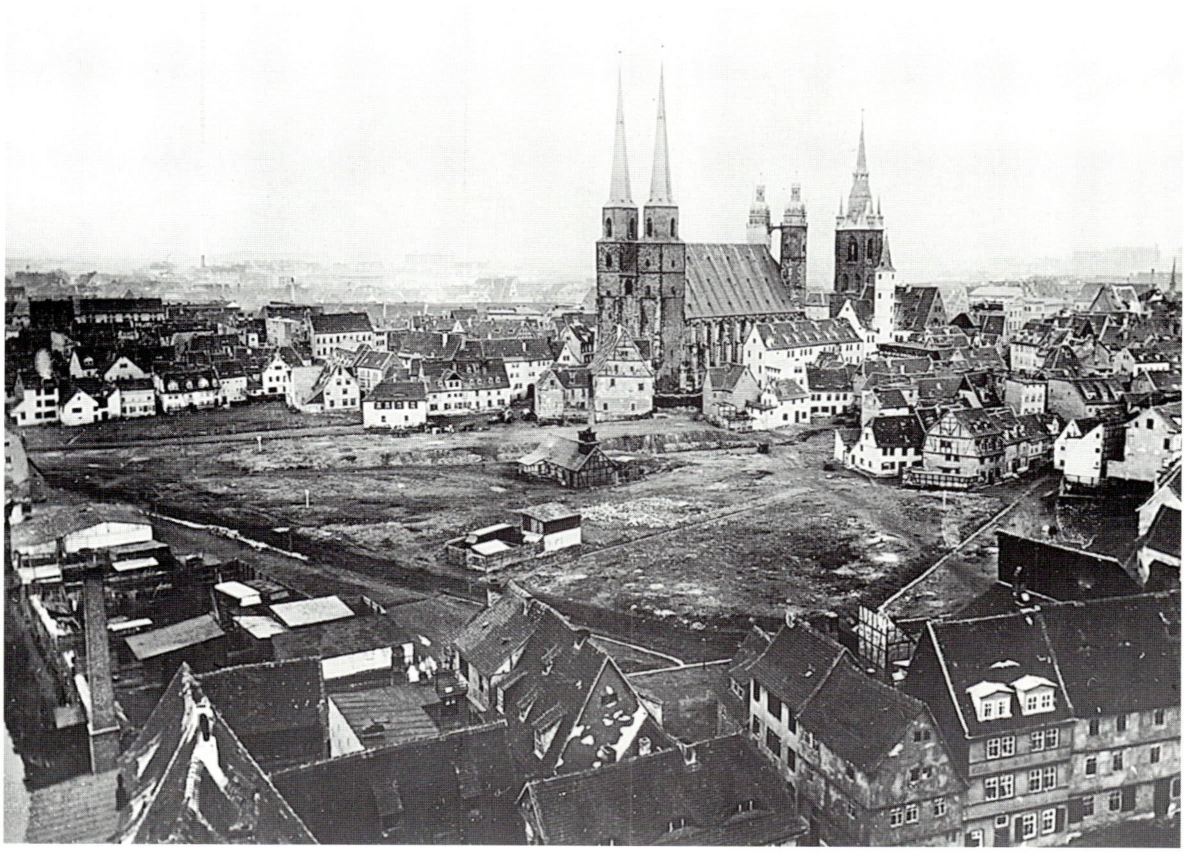

Die Aufnahme *(S. 8)* vermittelt dem Betrachter einen Blick über den alten Salinenbezirk westlich des Marktplatzes mit seiner modernen Bebauung, die Mitte der achtziger Jahre im Gründerzeitstil begann und zwei Jahrzehnte später im wesentlichen vollendet war. Zum Mittelpunkt des neuen Viertels gestaltete man den Hallmarkt unterhalb des Westwerks der Marienkirche, der mit mehrstöckigen Miets- und Geschäftshäusern eingegrenzt wurde. In der Bildmitte sieht man den großen Schulkomplex mit der Talamtschule und der Gutjahrschule, einer berufsbildenden Schule für Handwerker. Zwischen Hallorenring und Dreyhauptstraße liegt das Polizeipräsidium (1908/9), daneben das Johannishospital mit dem Moritzkirchhof.

Das historische Foto *(S. 9)* hält den Zustand der „Halle" nach der im Jahre 1868 erfolgten Stillegung der Saline fest. Der gesamte Bezirk ist noch von kleinen Fachwerkhäusern der Salzarbeiter (Halloren) umrahmt, während in der Mitte des öden Geländes der Gutjahrbrunnen mit seinem Schöpfwerk steht.

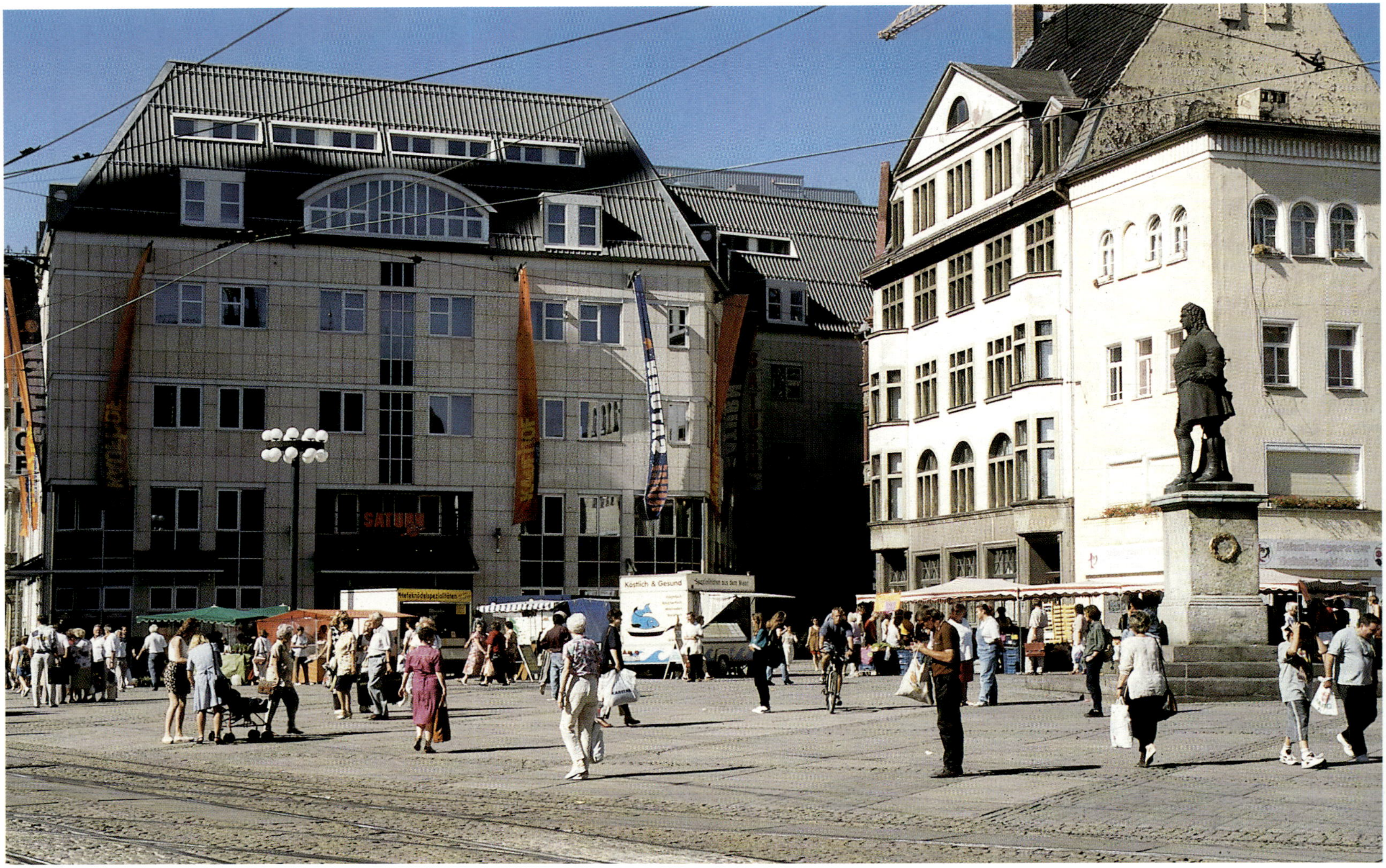

Die Nordwestecke des Marktplatzes war schon im Mittelalter ein Quartier, auf dem sich Verkaufsläden (Scharren) und Buden fanden, die sich bis in die Brüderstraße hineinzogen. Das historische Foto *(S. 11)* zeigt das alte Fritz'-sche Wohnhaus, das 1905 dem Neubau der Firma Huth weichen mußte. In der Mitte steht das Hotel „Goldener Ring“, erstmals wird es 1412 erwähnt. Rechts schließt sich das Porzellangeschäft Becker mit großen Ladenfronten an, über denen (Nr. 22) das vielbesuchte Café Roland zum Verweilen einlud.

Das Händeldenkmal - 1895 aufgestellt - ist eine Schöpfung des Bildhauers Heidel.

Auf dem Großfoto sehen wir *(S. 10)*, wie sehr sich das Aussehen dieser Ecke gewandelt hat: das eben fertig gewordene Kaufhaus, das sich in die Brüderstraße hineinstreckt, erstrahlt ebenso wie der „Goldene Ring“ (heute Verwaltungssitz) und das Restaurant „Roland“ in neuem Farbglanz.

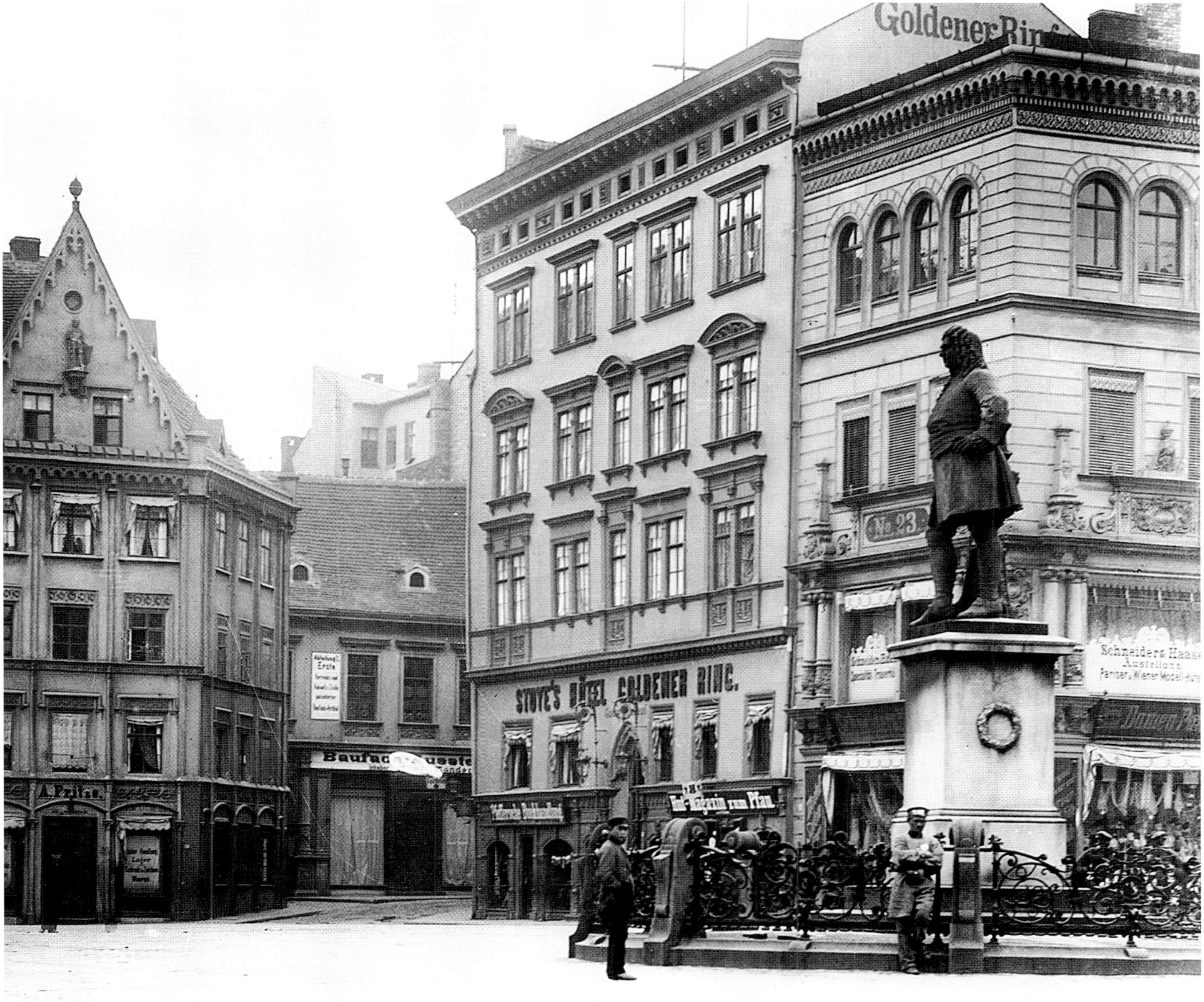
STOYE'S HÔTEL GOLDENER RING.
No 23
A. Fritze
Hof-Magazin zum Pfau
Schneider & Haase

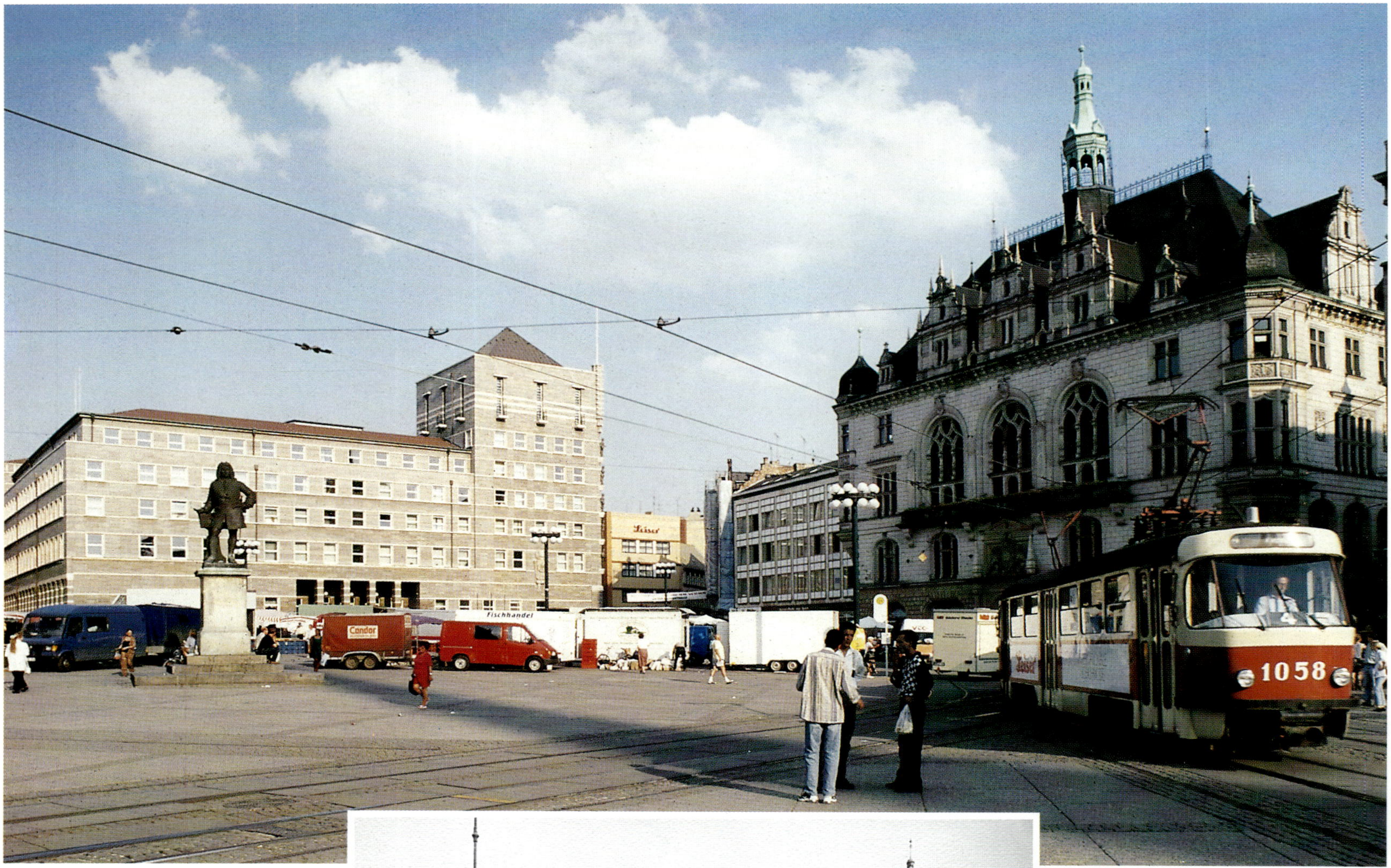
Fischhandel
Condor
1058

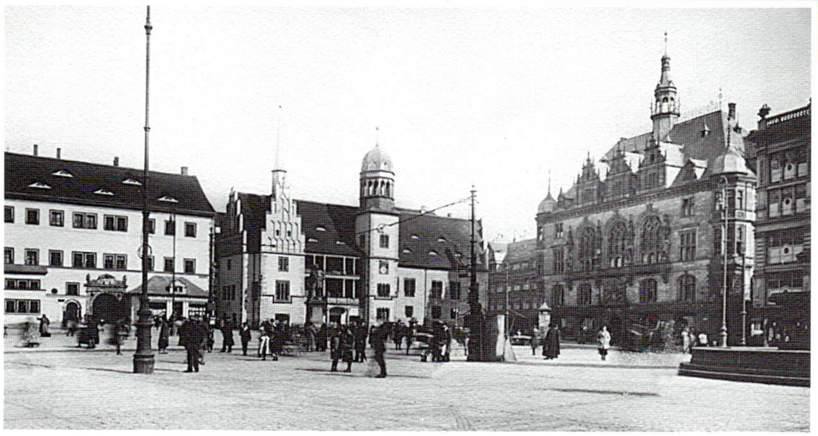

Foto links: Auf der Ostseite des Marktplatzes befand sich seit dem 14. Jahrhundert das Rathaus, das um 1550 durch Ratsbaumeister Nickel Hofmann sein Gepräge im Renaissancestil erhielt *(Foto unten)*. Auf der Schauseite zum Markt hin fügte er zwischen der spätgotischen Giebelwand und dem Treppenturm Laubengänge ein, die für Ratsverkündigungen, festliche Musiken und Huldigungszeremonien genutzt wurden. Das daneben liegende Gebäude ist die Wage, das Bürger- und Hochzeitshaus der Stadt, in dem sich auch die Gemeinde zu Beratungen zusammenfand und Hochzeiten gefeiert wurden. 1690 bis 1832 diente es der Universität als Vorlesungshauptgebäude, anfangs war auch die Bibliothek hier untergebracht. Rathaus und Wage wurden Ende März 1945 durch Bomben schwer getroffen und später abgetragen.

Rechts auf der Südseite des Marktes steht das Stadthaus, 1893/94 durch den Kölner Architekten Emil Schreiterer erbaut. Sein prunkvoller Saal diente ursprünglich dem Stadtparlament zur Abhaltung seiner Sitzungen; heute werden hier die Gäste der Stadt empfangen.
Die Abräumung der Ruinen des Alten Rathauses gibt den Blick frei auf das moderne Verwaltungsgebäude der Stadt, das Anfang der dreißiger Jahre durch Stadtbaurat Wilhelm Jost errichtet wurde *(S. 12)*. Unterhalb der hochragenden Westtürme der Marktkirche entwickelte sich seit Ende der achtziger Jahre ein reges Marktleben: Fische, Fleisch, Eier und Butter wurden verkauft *(S. 13)*. Heute ist der Hallmarkt Autoparkplatz *(S. 13 unten)*.

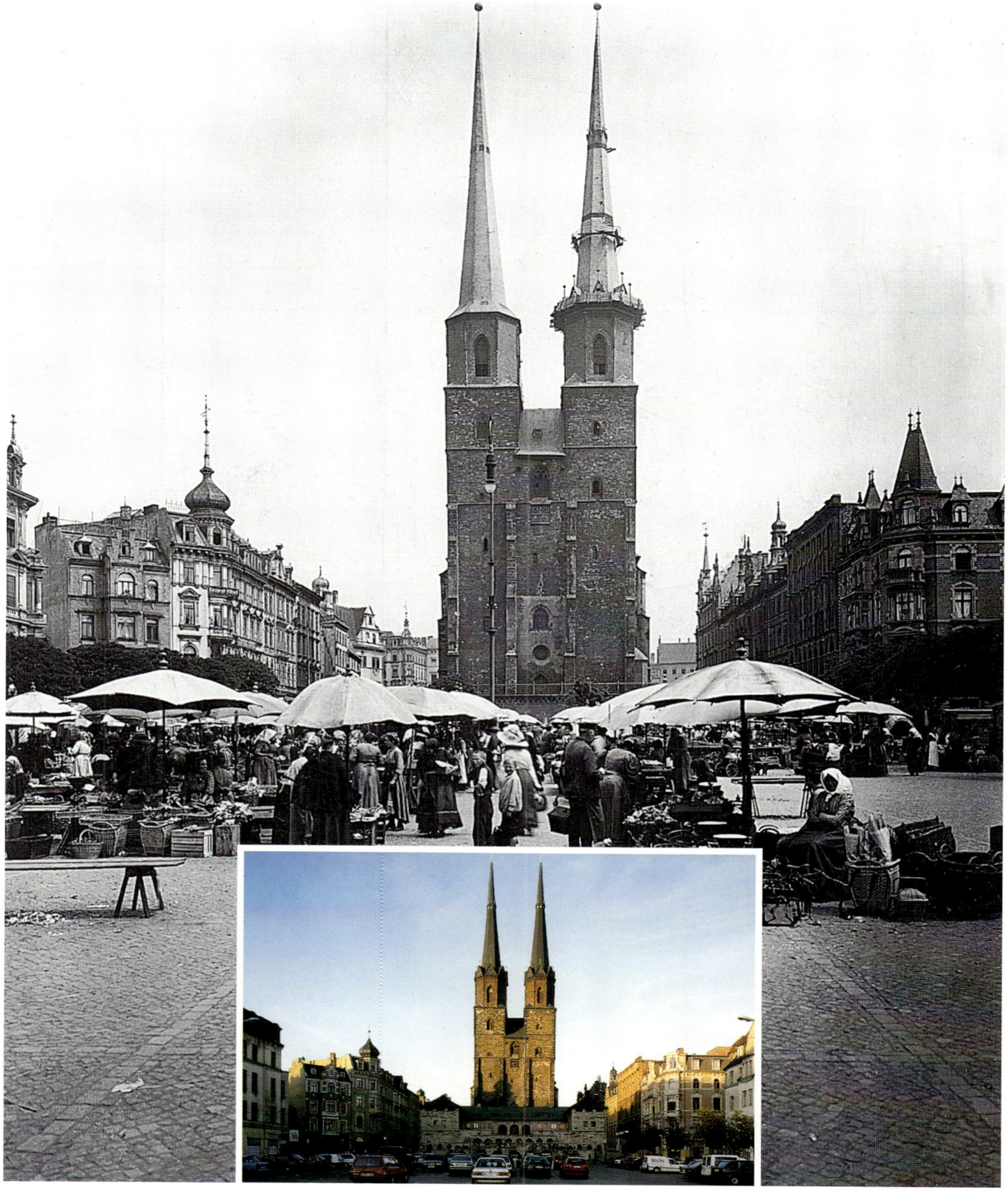

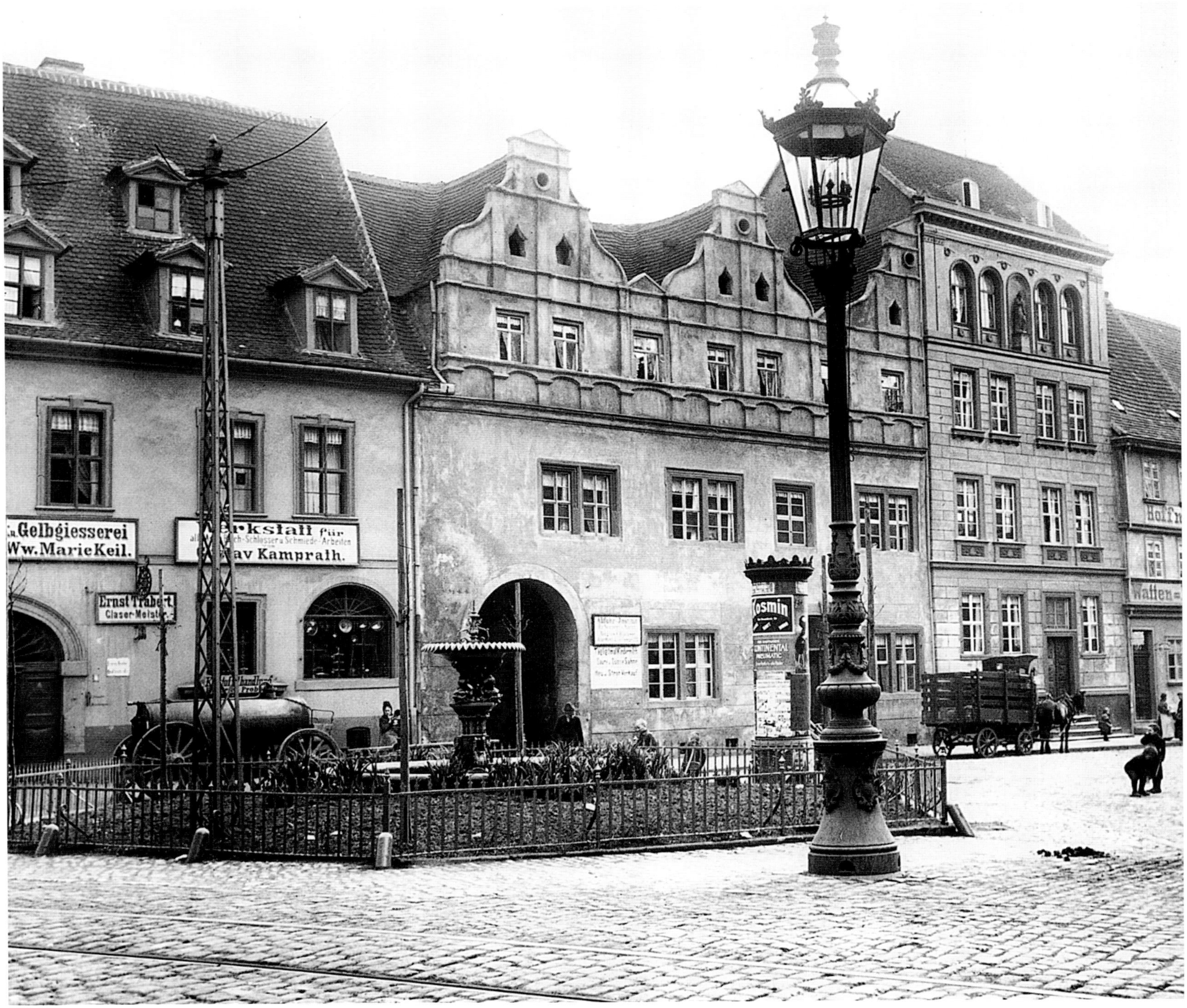
Gelbgiesserei
Ww. Marie Keil.
Ernst Trabert
Glaser-Meister
Kosmin
CONTINENTAL
Waffen

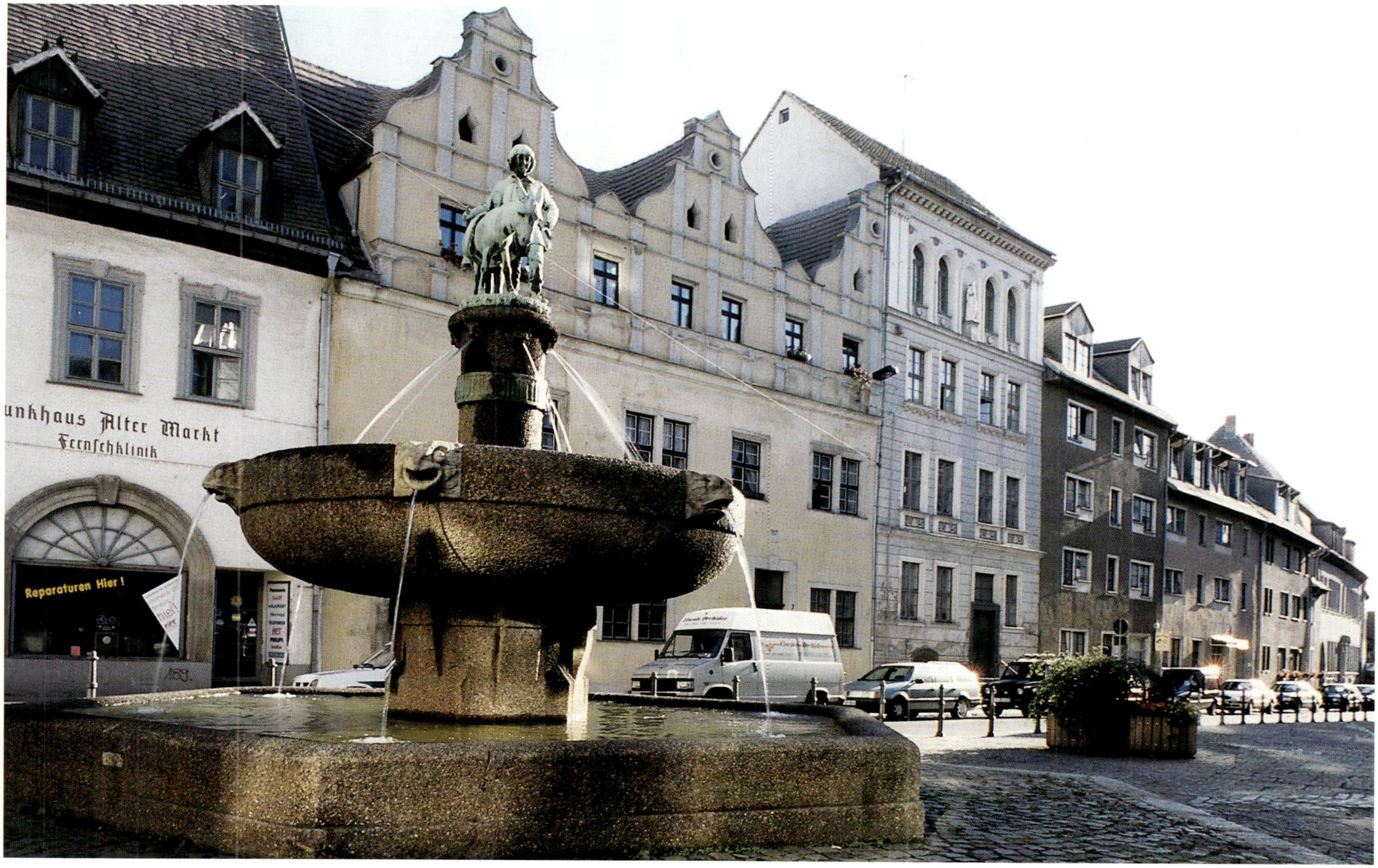

Der Alte Markt zählt zu den ältesten Siedlungskernen der halleschen Altstadt. Hier stand das älteste Rathaus, das bei dem großen Stadtbrand von 1312 zerstört wurde. Ihm gegenüber lag die Michaeliskapelle, seit der Reformation als Wohnhaus genutzt.
Der Alte Markt ist eine Dreiecksanlage, die aus der Verbreiterung und Ausweitung vorbeiführender Salzhandelswege geformt worden ist. Auf der Südseite begrenzen Patrizierhäuser mit uralten Kellergewölben, hohen Satteldächern und Renaissancegiebeln den Platz *(S. 14)*. Vor den Häusern steht der ältere Springbrunnen aus Zink, inmitten einer kleinen Anlage. Schon 1480 wurde die erste Wasserleitung auf den Alten Markt geführt und das Wasser in einem Röhrenkasten aus Eichenbohlen gesammelt. Heute schmückt die historische Platzanlage ein Brunnen, über dessen Becken aus Stampfbeton sich eine mit Masken als Wasserspeier verzierte Schale erhebt. Die Mittelsäule trägt eine Plastik, die einen Burschen zeigt, der den mit einem Sack beladenen Esel führt. Die Gruppe steht auf einem stilisierten Rosenkranz und verdeutlicht die alte hallesche Sage „Vom Esel, der auf Rosen geht". Schöpfer dieses so volkstümlich gewordenen Werkes ist der hallesche Bildhauer Keiling; den Brunnen stiftete 1905 der Kaufmann Martick.

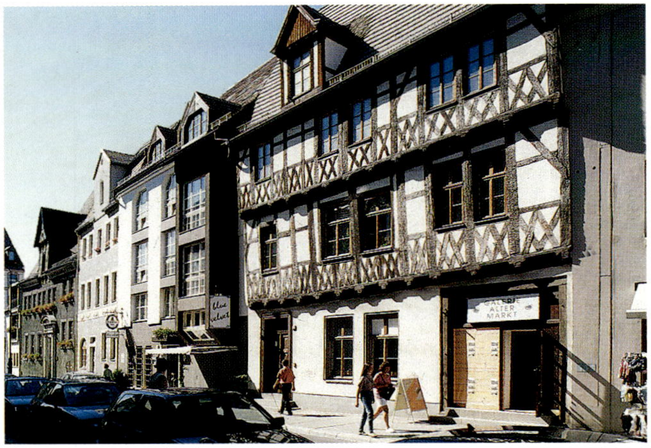

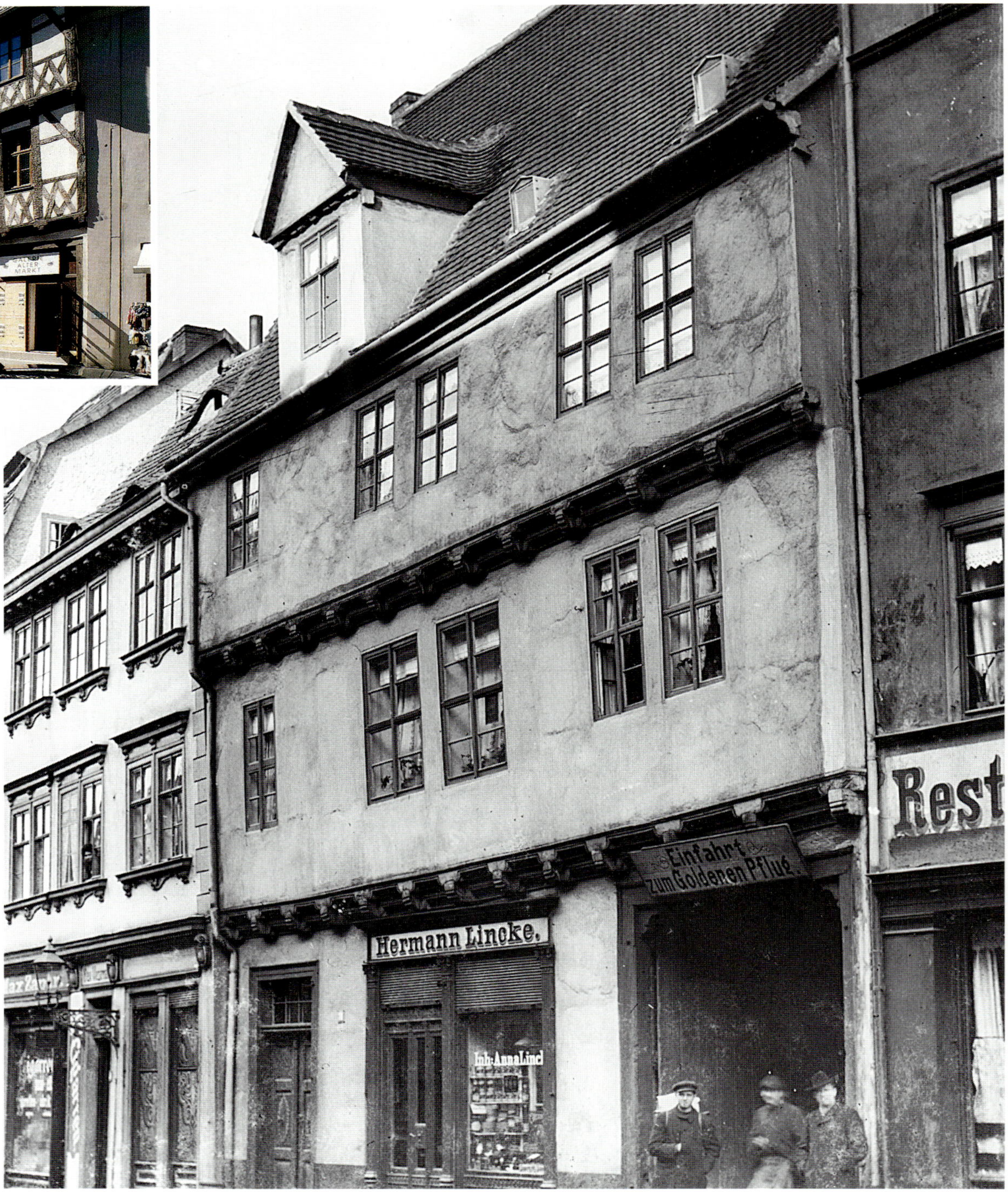

Die Nordseite des Alten Marktes ist von alten Handwerkerhäusern besetzt, Fachwerkhäusern, in deren Untergeschosse meistens Ladenzonen eingebrochen wurden. Viele von ihnen *(Fotos links und rechts)* wurden in den letzten Jahren restauriert, und das Fachwerk konnte in alter Schönheit sichtbar gemacht werden *(Foto S. 16 oben)*.
Das Haus „Goldener Pflug" gehörte zu den vielen Wirtshäusern dieses Platzes. Seit Ende des 18. Jahrhunderts war es Studentenkneipe und Verbindungshaus. Lange war der „Pflug" auch die Tagungsstätte eines heimischen Künstlervereins, der sich nach dem Haus benannte *(Foto S. 17)*.

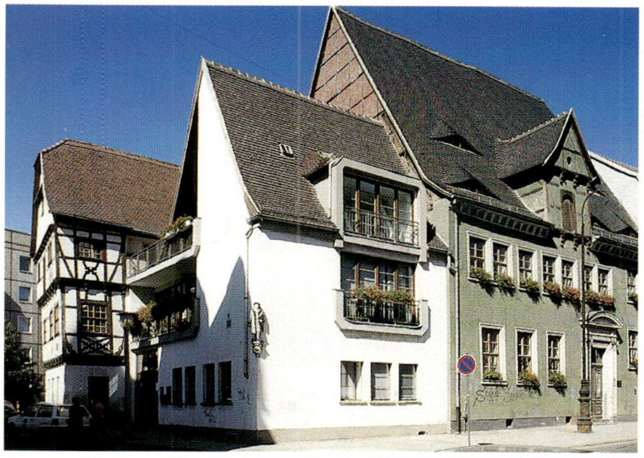

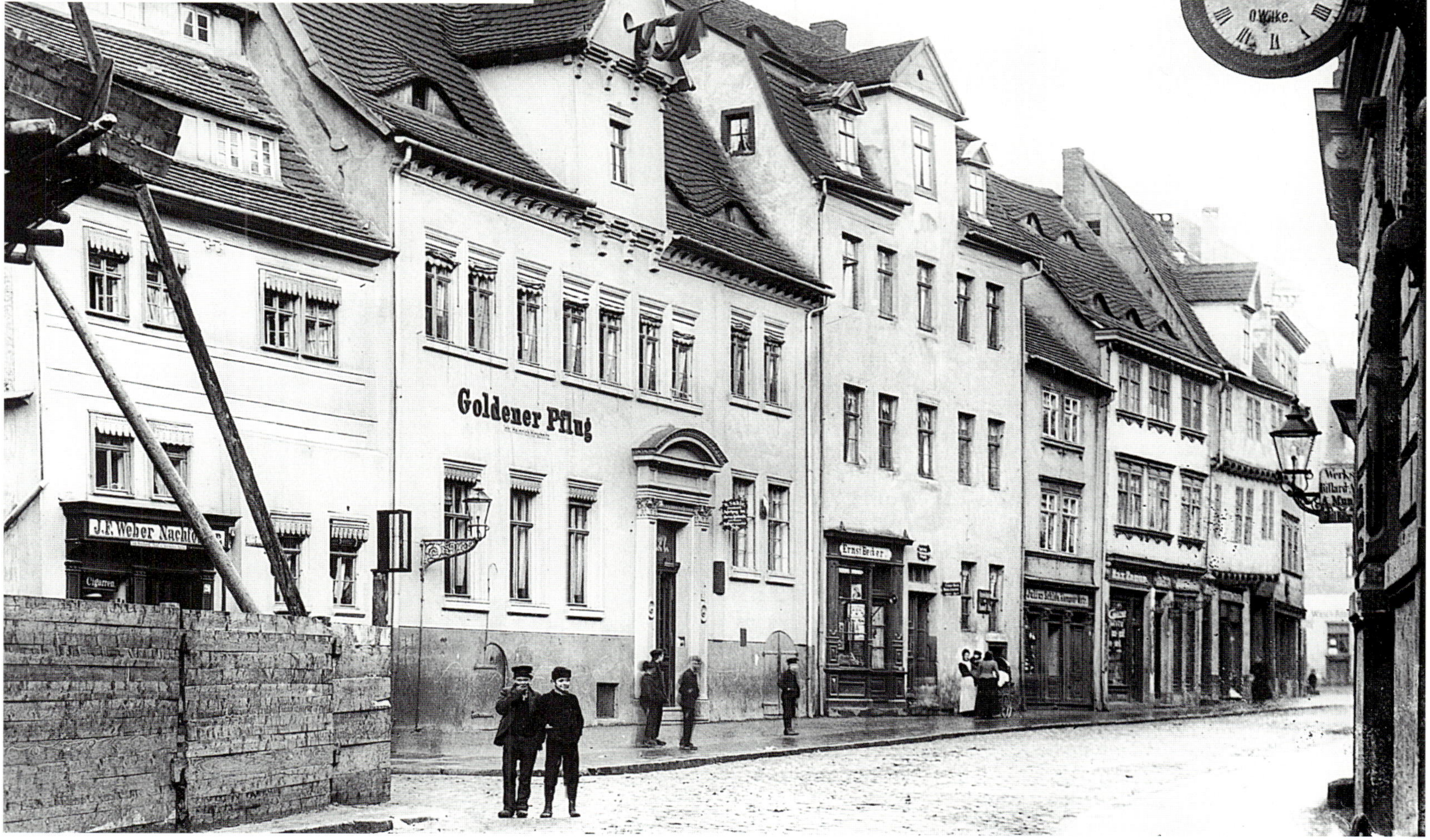
Goldener Pflug
O.Wilke.

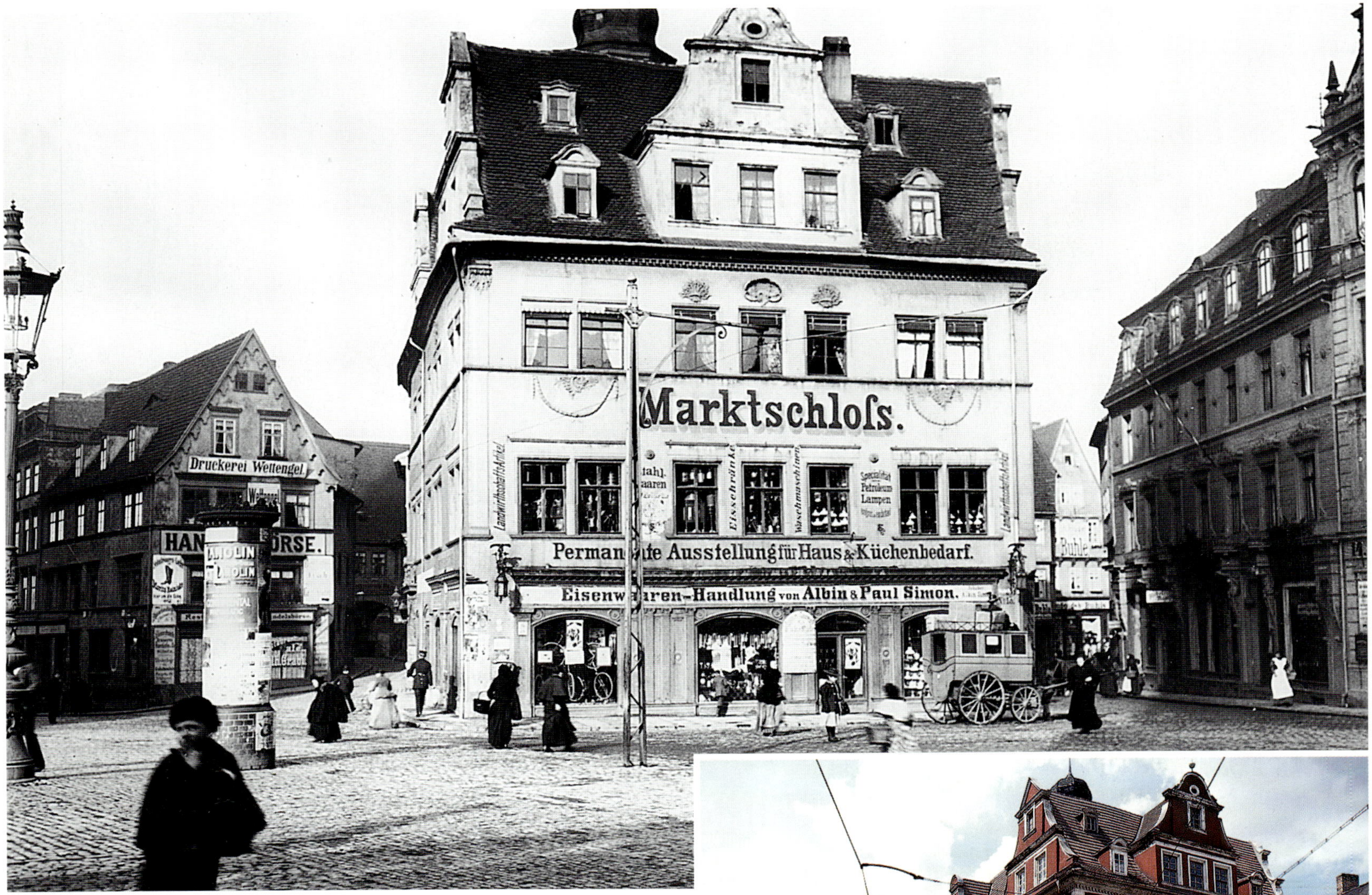

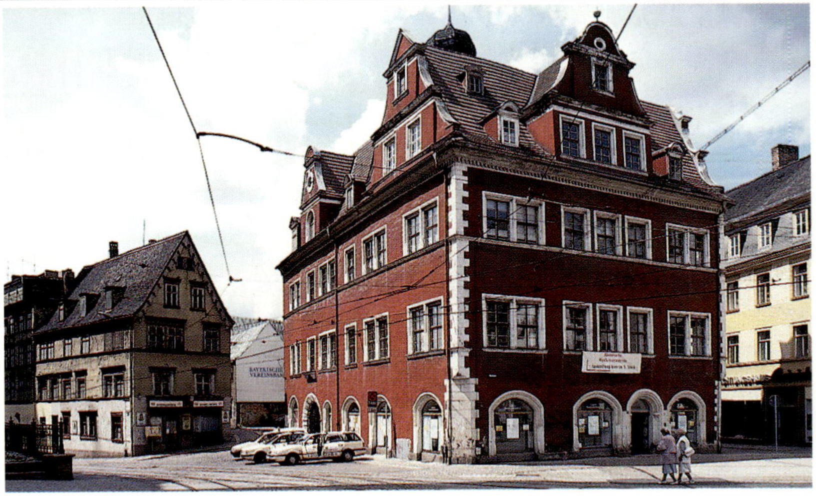

Zu den schönsten Bürgerhäusern aus der Renaissancezeit in der Stadt gehören das „Marktschlößchen“ in der Nordwestecke des Marktplatzes *(S. 18)* und das Christian-Wolff-Haus in der Großen Märkerstraße *(S. 19)*.
Das Marktschlößchen liegt zwischen der alten Bärgasse und der Großen Klausstraße und setzt hier einen eindrucksvollen städtebaulichen Akzent.
Das drei Stockwerke hohe Patrizierhaus hat an der Schaufront zum Markt sowie an den schmalen Seiten insgesamt vier einwärts geschweifte Renaissancegiebel, einen Treppenturm mit Zwiebelhaube und dürfte Ende des 16. Jahrhunderts entstanden sein. Heute sorgsam restauriert, ist es Sitz einer Galerie und des Musikinstrumentemuseums des Händelhauses.

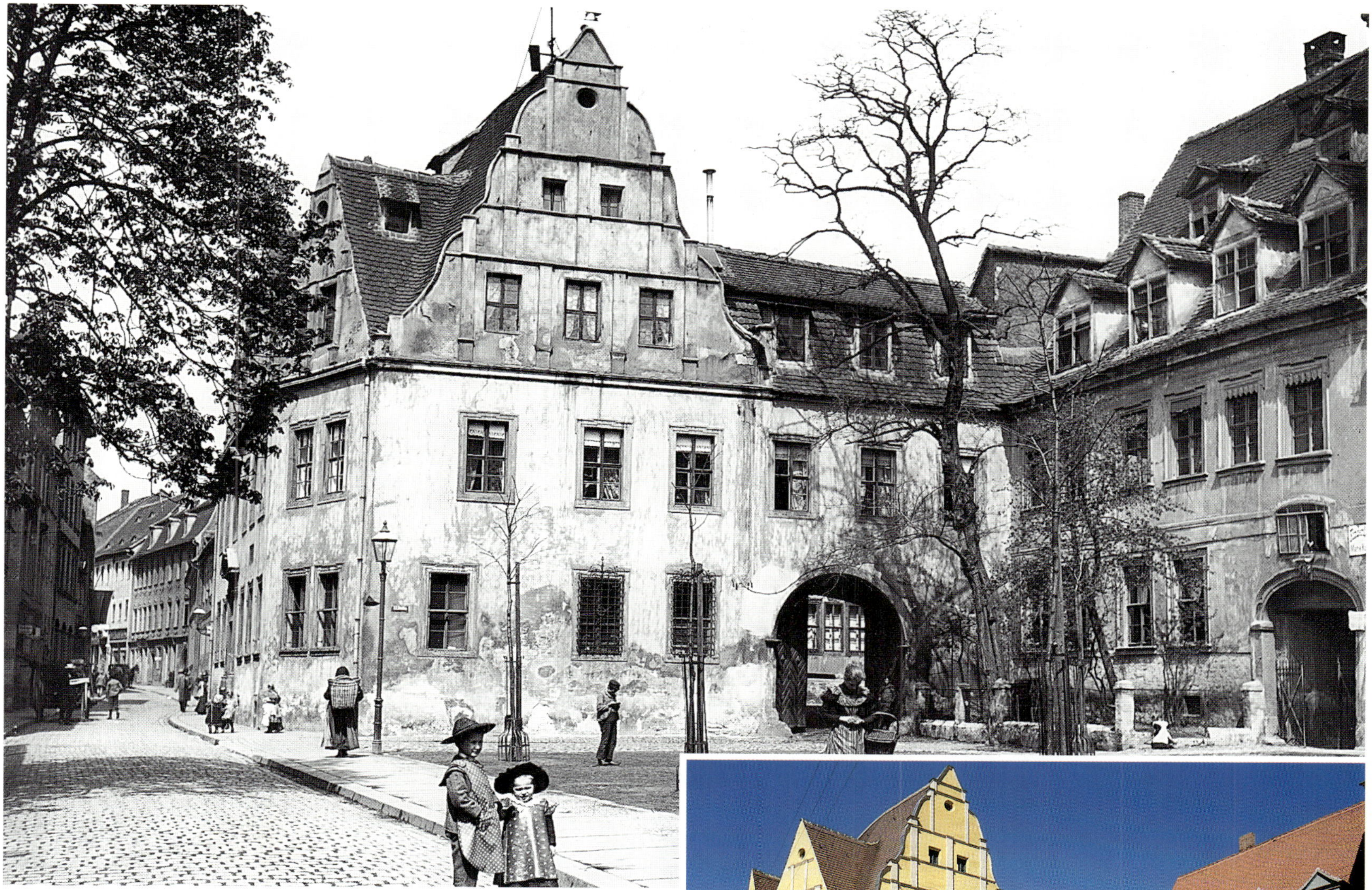

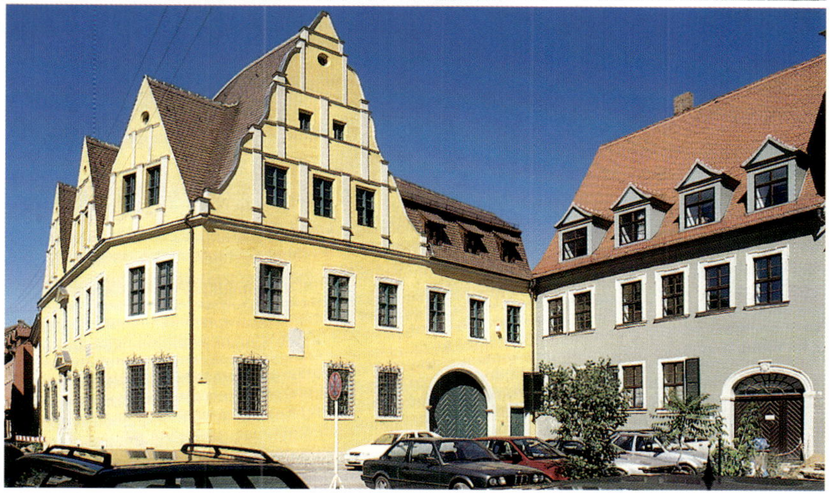

Der stattliche Gebäudekomplex Große Märkerstraße 10 entstammt der Mitte des 16. Jahrhunderts. Der mehrstöckige Eckbau zeigt in der Straßenfront drei kleine Spitzgiebel, zur Platzanlage Kleiner Berlin hat er große Renaissancevolutengiebel. Nach 1740 besaß der große Aufklärungsphilosoph Christian Wolff das Haus, das im Obergeschoß einen großen Hörsaal hat. Wolff starb hier am 15. April 1754 (Gedenktafel). Seit 1762 war es Sitz der Druckerei und des Verlages Gebauer und Schwetschke. Im Jahr 1954 eröffnete man hier das Heimatmuseum der Stadt Halle. Nach langjähriger und aufwendiger Restaurierung ist das Haus heute eine Abteilung des Stadtgeschichtsmuseums.

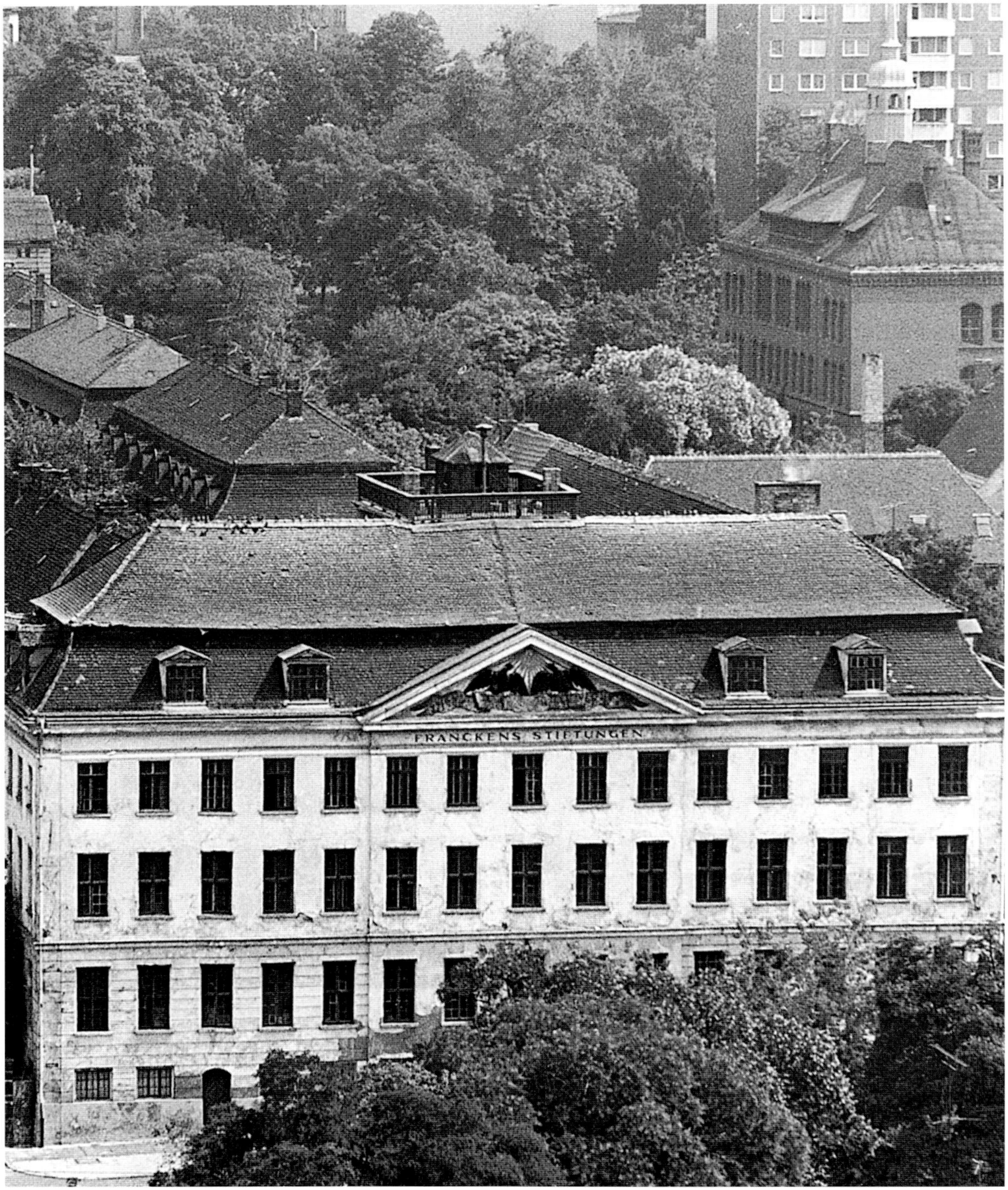

Der Theologe und Pädagoge August Hermann Francke (1663-1727) kam im Januar 1692 nach Halle, um die Glauchauer Pfarre St. Georgen und eine Professur an der Universität zu übernehmen. Erschüttert durch das soziale Elend und die Verwahrlosung der Kinder in der Gemeinde, gründete er im November 1695 im Pfarrgebäude ein Waisenhaus sowie eine Armen- und Bürgerschule. Wegen der ungesunden Verhältnisse und der Enge in der kleinen Vorstadt Glaucha erwarb Francke ein großes, ansteigendes Areal von Plantagen, Gärten und Wiesen, um hier in freier Lage und gesunder Luft sein Waisenhaus und die Schulanstalten neu zu gründen. Mittelpunkt der großräumigen Anlagen wurde das Haupthaus (S. 20), das von 1698 bis 1701 nach modernsten sozialen und hygienischen Gesichtspunkten erbaut, das Waisenhaus, die Schulen, die Apotheke, den Buchladen, Wirtschaftsräume, Krankenstuben, ein Naturalienkabinett und andere Einrichtungen aufnahm.

Für die wachsenden Franckeschen Stiftungen, ihre Schulen, Internate und die existenzsichernden Betriebe ließ der Gründer an beiden Seiten des Haupthauses an der Rückfront vielstöckige Flügel anbauen, die sich bis zur Höhe des Königlichen Pädagogiums erstrecken. Der Besucher kann heute hier den baumbesetzten Lindenhof bis zum 1829 aufgestellten Franckedenkmal entlangwandern und das große Werk christlicher Nächstenliebe bewundern.

In den letzten Jahren, zwischen 1989 und 1995, begann in den Franckeschen Stiftungen ein beispielloser Restaurierungsprozeß, um diese jahrzehntelang bewußt vernachlässigte Anlage wieder instand zu setzen und neu zu nutzen.

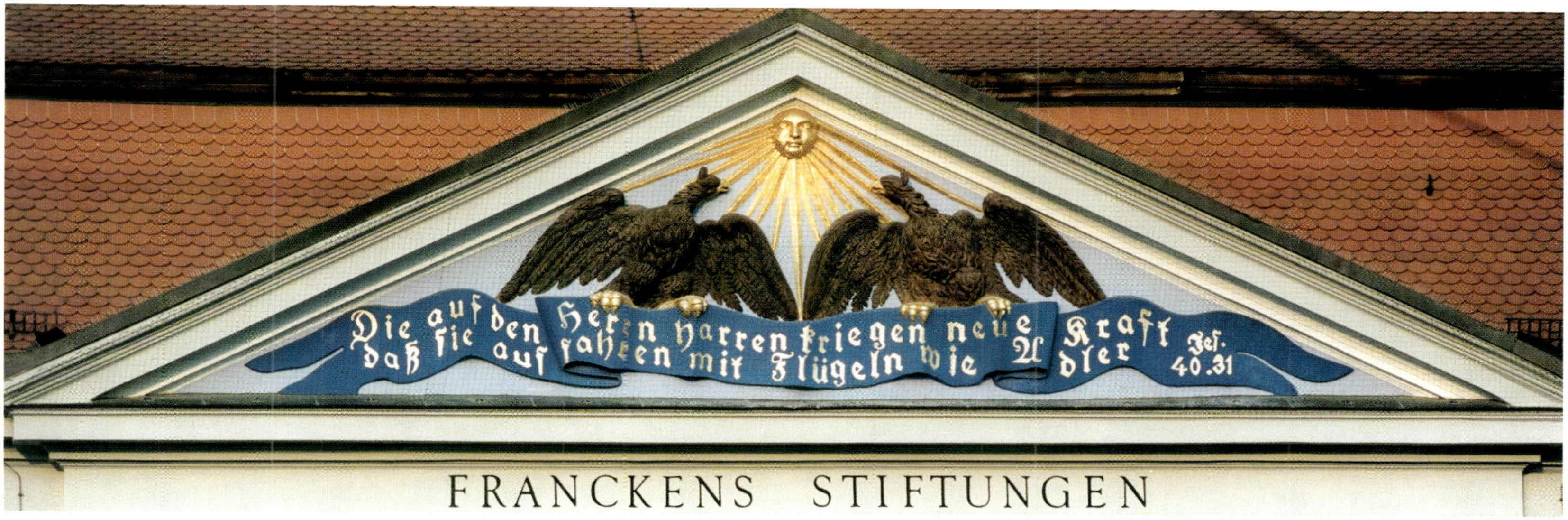
Die auf den Herrn harren kriegen neue Kraft
daß sie auffahren mit Flügeln wie Adler
Jes. 40.31
FRANCKENS STIFTUNGEN

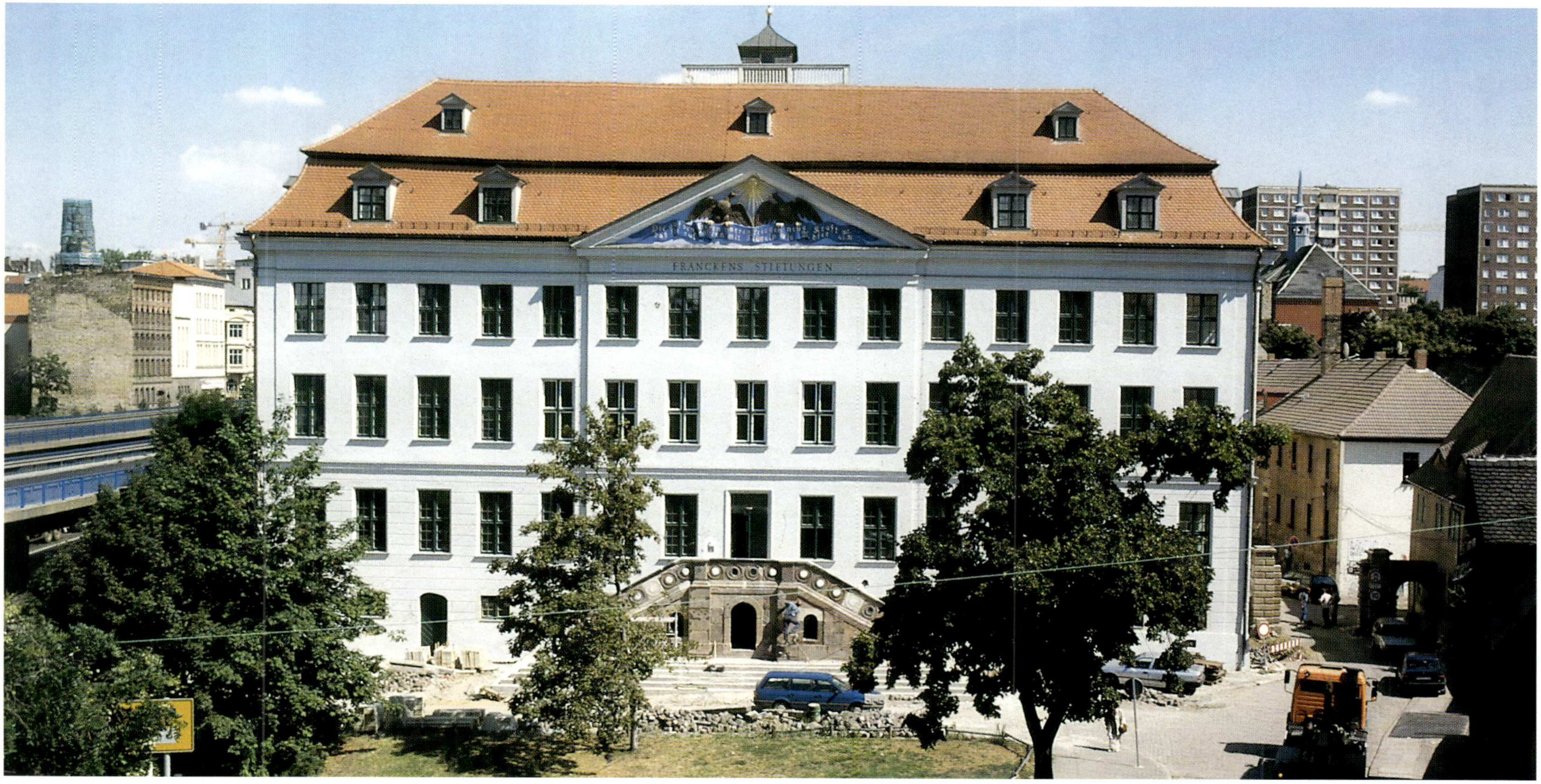
FRANCKENS STIFTUNGEN

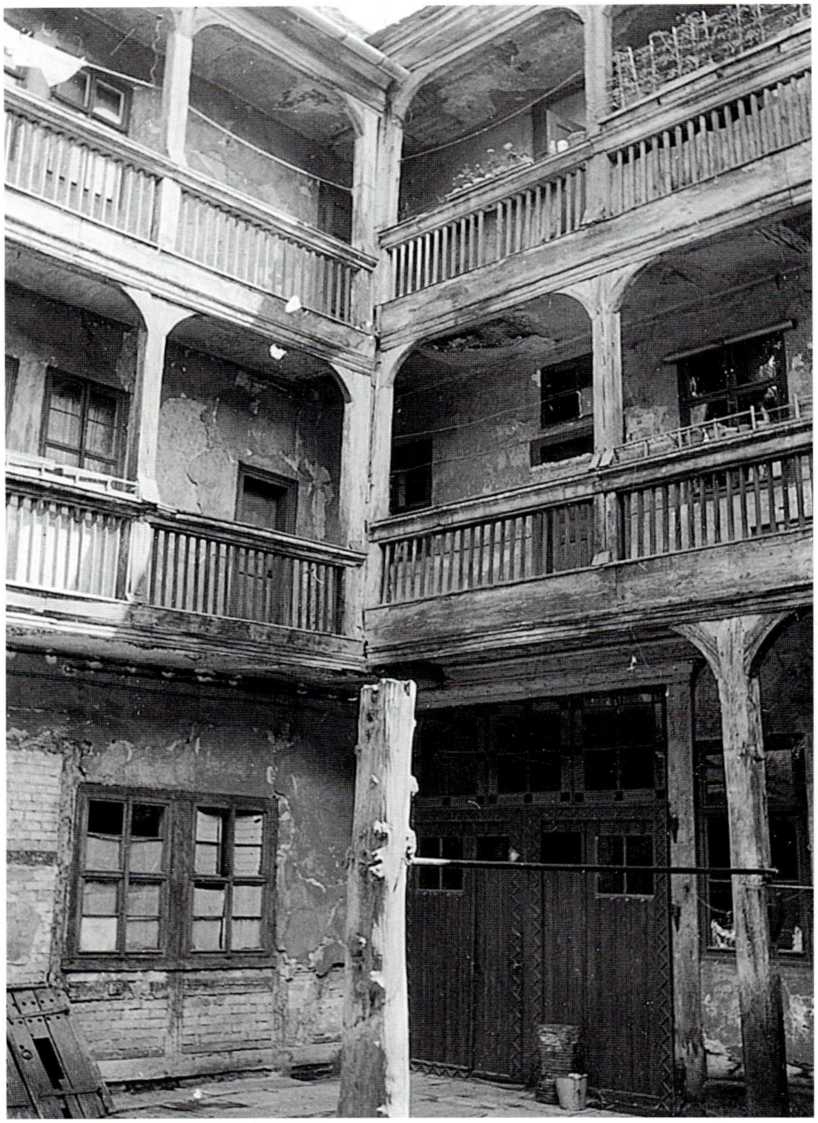

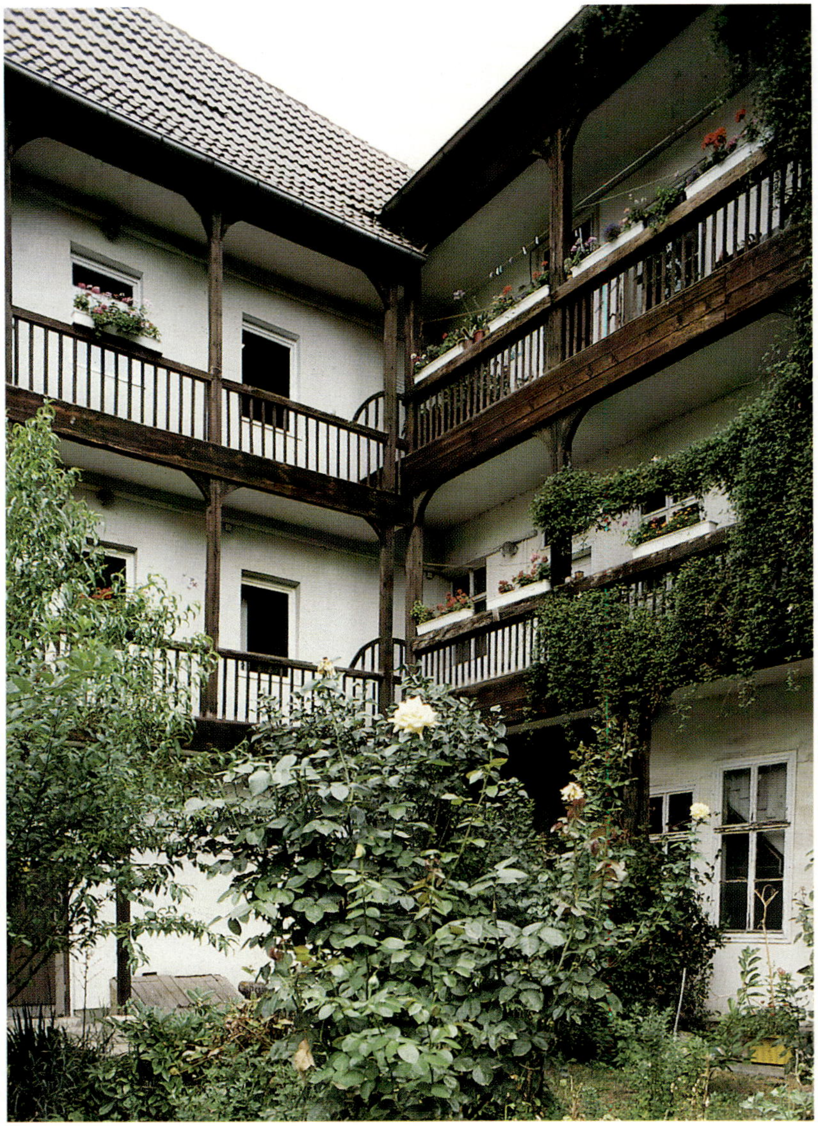

Die Rannische Straße zwischen Altem Markt und Franckeplatz ist ein Teil der wichtigen Salzstraße, auf der die Fuhrleute mit ihren Wagen das kostbare „weiße Gold“ in Richtung Süden transportierten. Deshalb lagen in ihrer Flucht zahlreiche Gasthöfe, von denen der schon 1479 erwähnte Ausspann „Zur Goldenen Rose“ noch heute existiert.

Das Patrizierhaus Rannische Straße 17 mit einer interessanten Rokokofassade ist durch seine Hofgalerien auf der Rückseite bemerkenswert. Die balkengestützten Galerien ziehen sich um die ganze Hausfront und ermöglichten von hier aus den Zugang zu allen Räumen, so daß im Innern Flure wegfallen konnten *(S. 22)*.

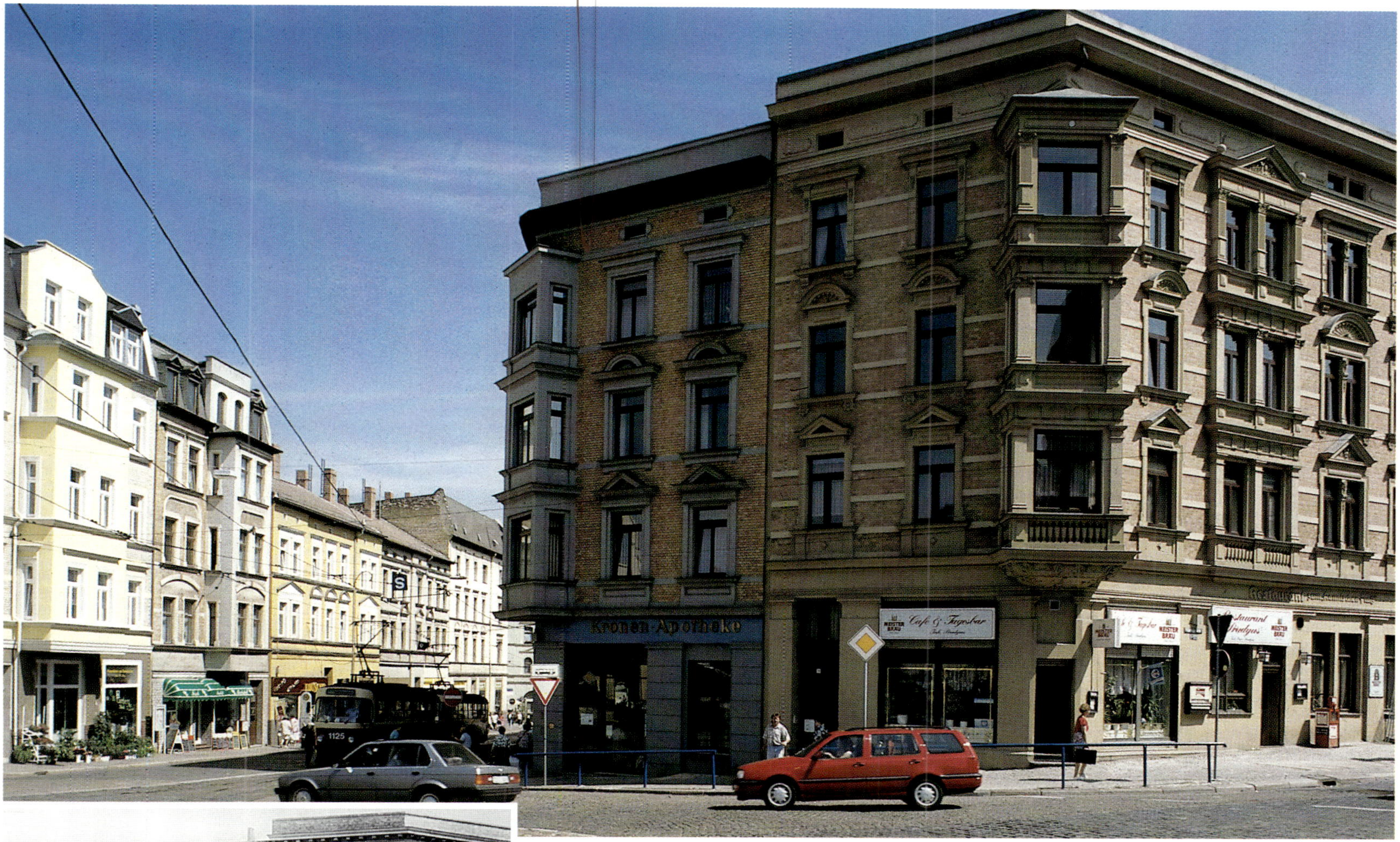

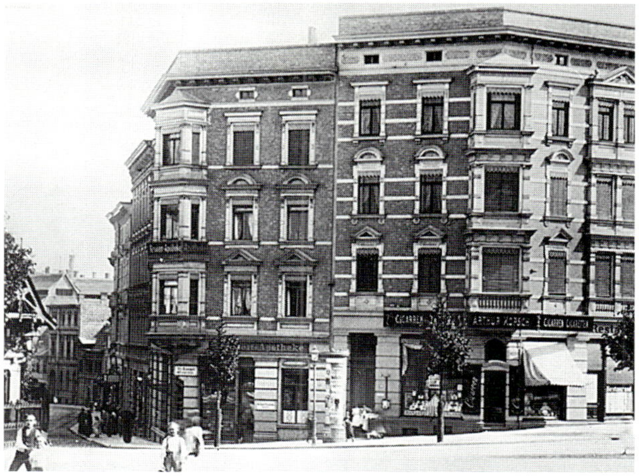

Der Steinweg - er verläuft vom Franckeplatz bis zum Rannischen Platz - war die alte Hauptstraße der Amtsstadt Glaucha. Er ist seit einem Jahrhundert von vielstöckigen Miets- und Geschäftshäusern besetzt, die sich in die angrenzenden Straßen hineinziehen. Besonders markant ist das sorgsam restaurierte Eckhaus Steinweg/Lindenstraße. Hier befindet sich im Erdgeschoß die „Kronen-Apotheke", die 1893 ihre Konzession erhielt und damals vor allem die neu entstandenen südlichen Stadtviertel versorgen sollte *(S. 23 unten)*.
Heute sind an diesem Kreuzungspunkt viele Häuser in alter Schönheit wieder erstanden und zeugen von der Vielfalt des Häuserbaus in unserer Stadt um die Jahrhundertwende.

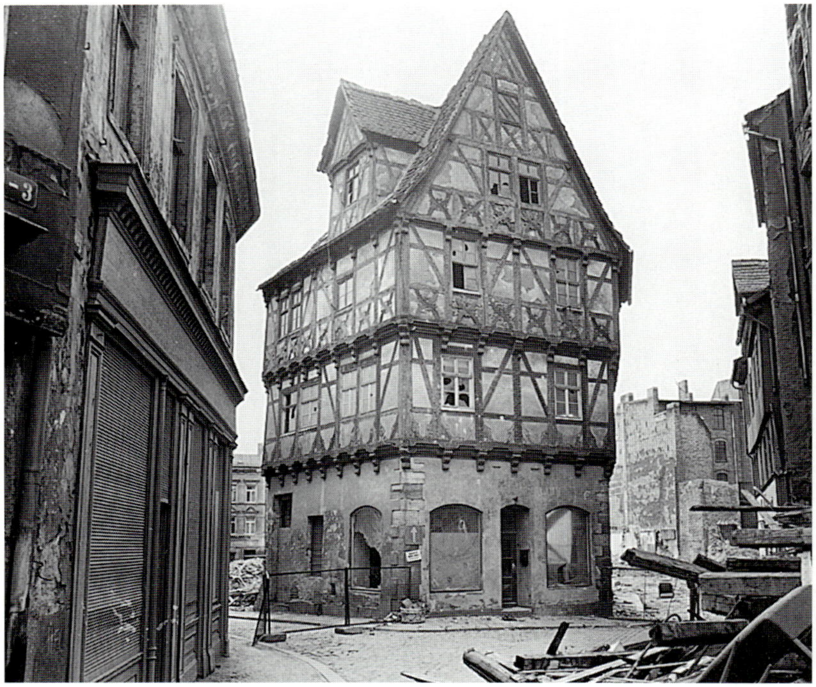
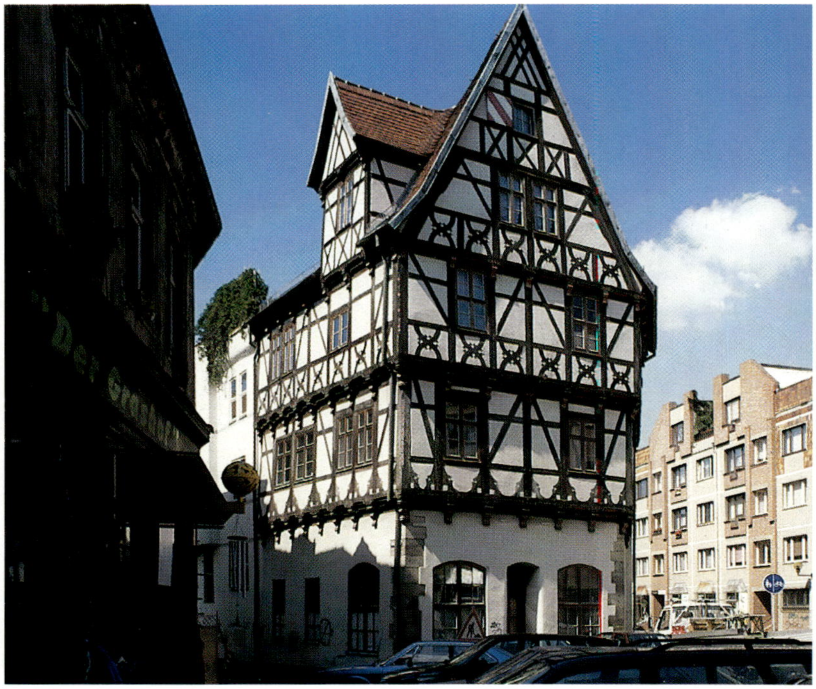
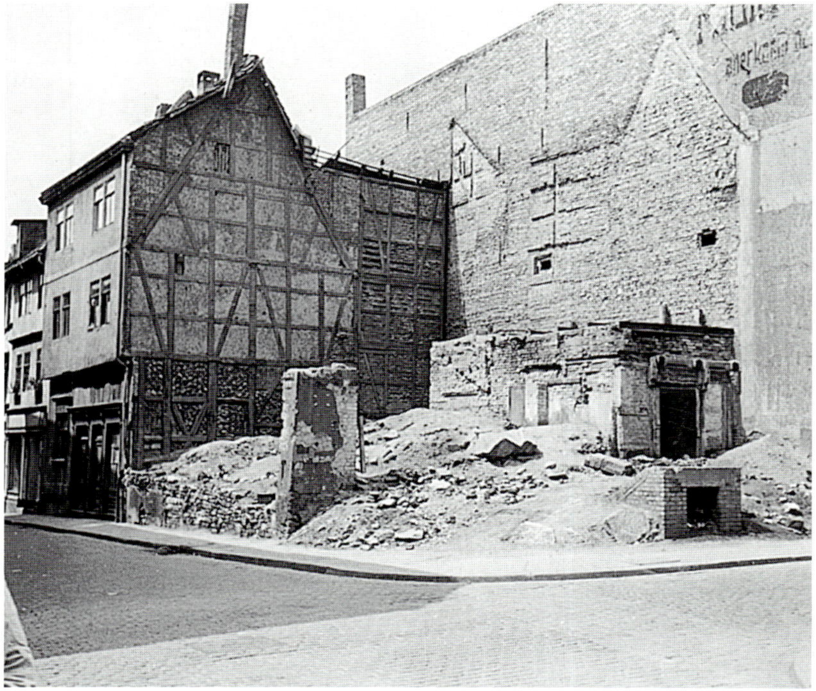
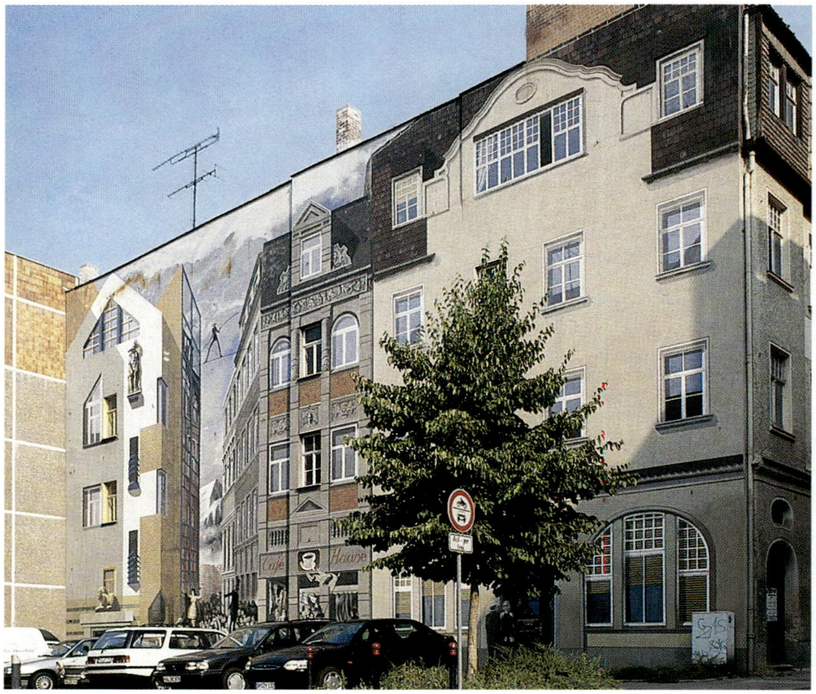

Zwischen Graseweg und Großer Klausstraße steht das mehrgeschossige Fachwerkhaus Graseweg 18, vor dem die Straßen platzartig gebündelt und auf den nahen Markt zugeführt werden *(S. 24 links oben)*. Das lange Jahre vernachlässigte und leer stehende Haus mit seinem steilen Vordergiebel ist in den letzten Jahren gründlich restauriert worden und bildet mit den Neubauten der Großen Klausstraße, die sich dem Verlauf des uralten Handelsweges anpassen, ein wirkungsvolles Platzensemble der Altstadt *(S. 24 rechts oben)*.
An der Ecke Große Klausstraße/Oleariusstraße lag eine Reihe baufälliger Wohnhäuser, schmal und eng, mit steilen Dächern, die nach dem Kriege abgerissen wurden *(S. 24 links unten)*. Um die häßliche Seitengiebelfläche des ehemaligen Gasthofes „Zu den heiligen drei Königen“ zu verdecken, schuf eine Künstlergruppe um den Maler Hans Triebsch eine Illusionswand „Café Haase“, die im August 1989 fertig war und immer wieder das Erstaunen von Betrachtern hervorruft *(S. 24 unten rechts)*.

Die Gerbersaale ist ein Arm des Hauptstroms, der die alte Strohhofvorstadt begrenzte. An ihr lagen die Werkstätten der Gerber, die die Felle im Fluß wuschen und sie auf den Böden der Häuser zum Trocknen aufspannten *(Foto S. 25 oben)*. Heute ist die historische Bausubstanz vollständig abgeräumt, um einer großzügigen Neubebauung Platz zu machen *(Foto S. 25 unten)*. Am rechten Bildrand ist die Brüstung der Klausbrücke zu sehen, die den Verkehr aus der Altstadt heraus in die Mansfelder Straße leitet.

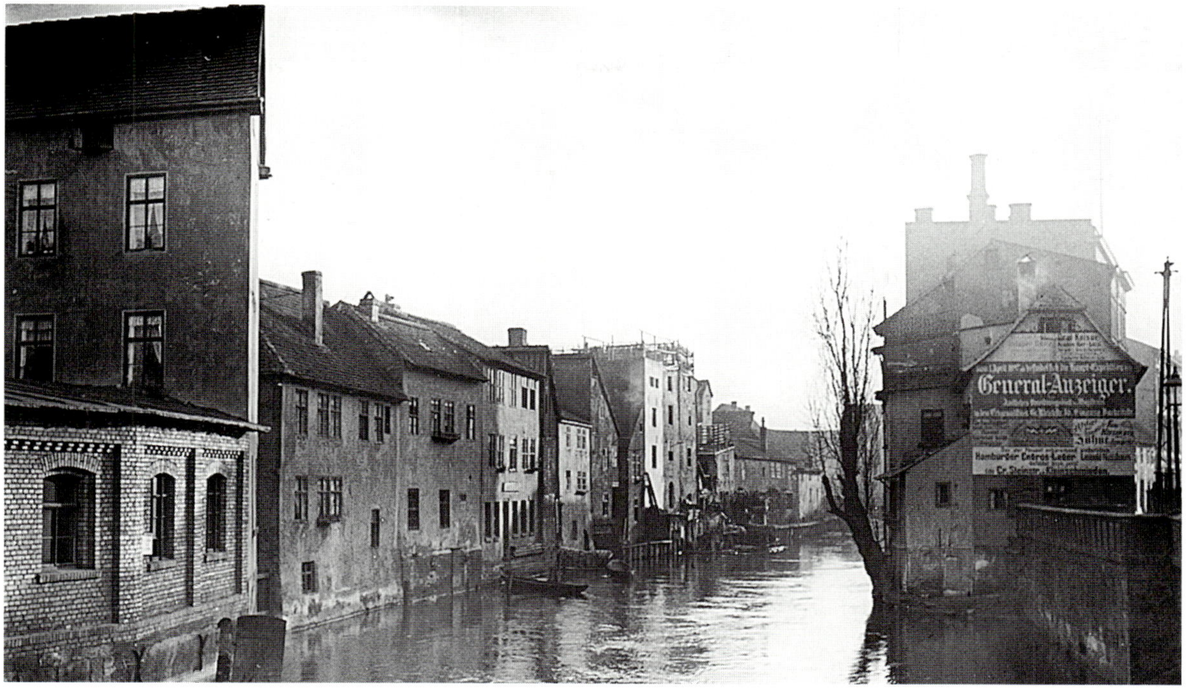

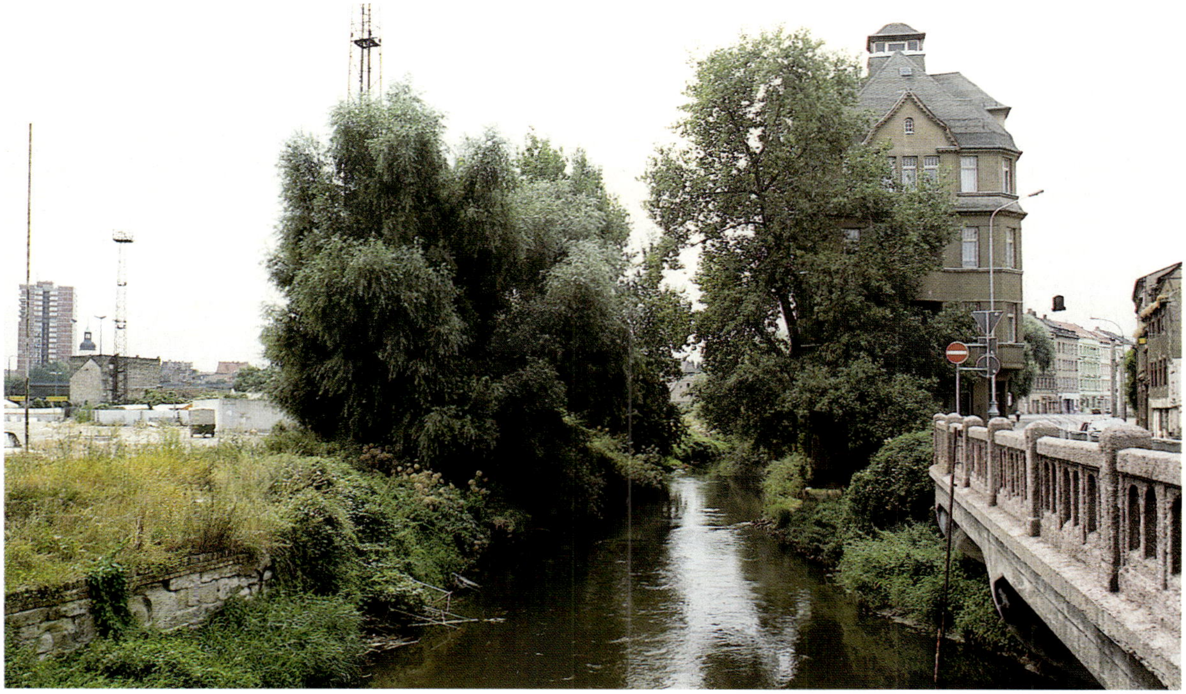

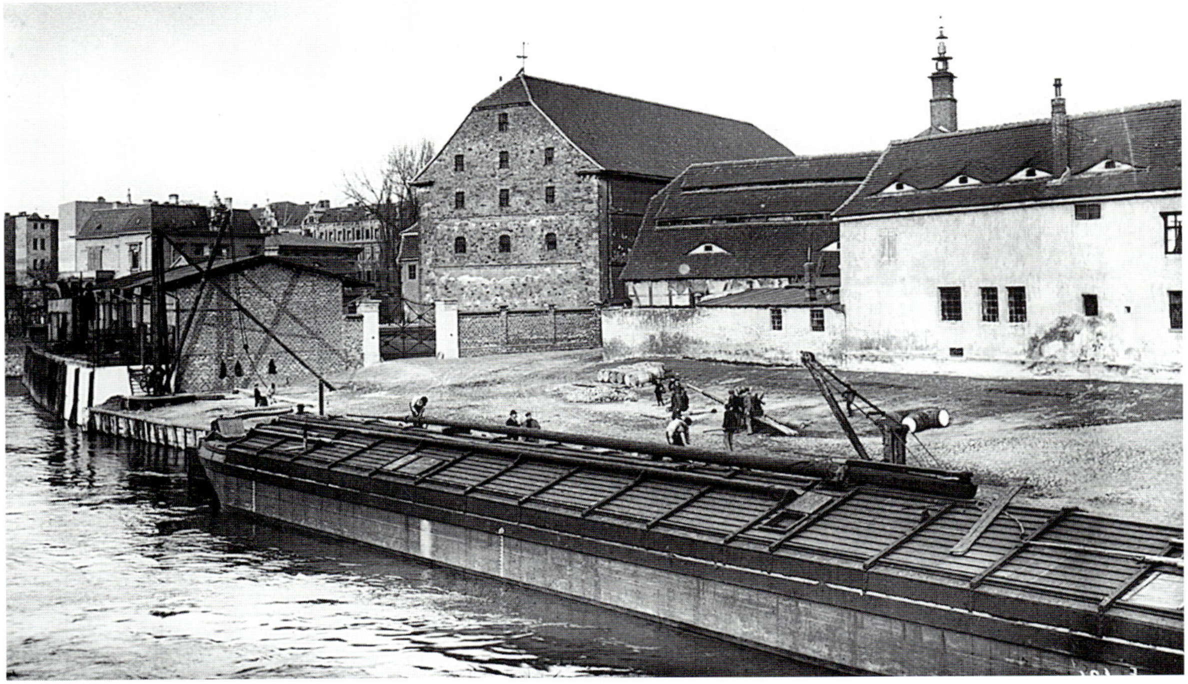

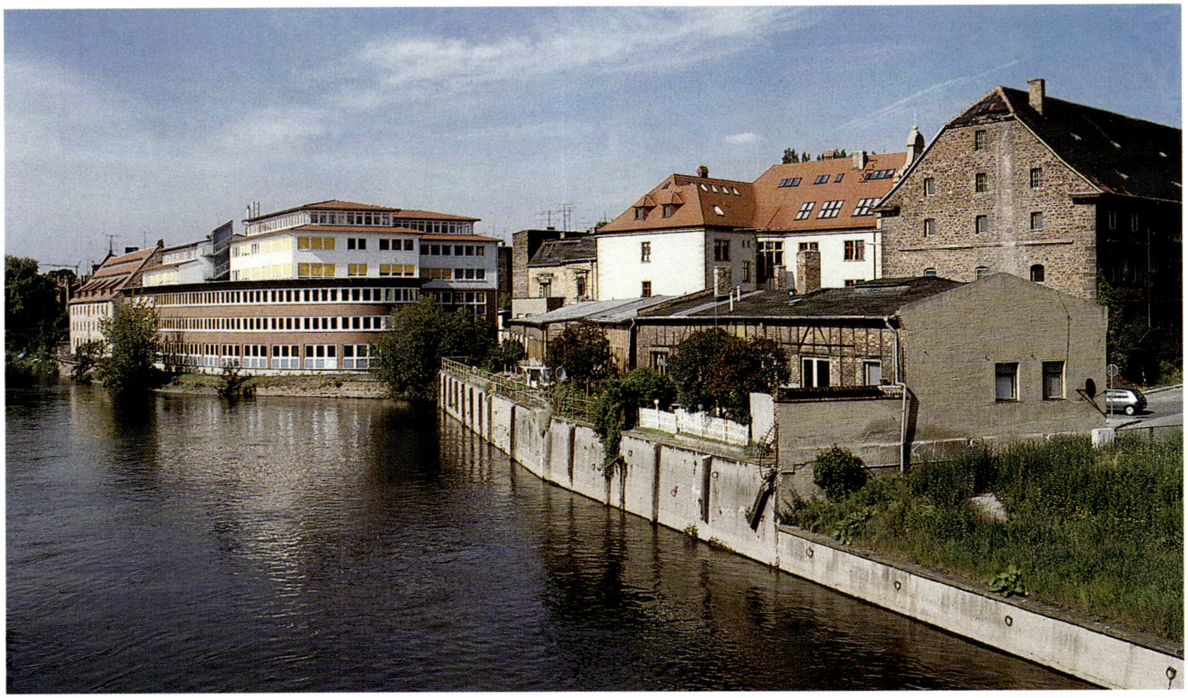

Der Anker- und Ausladeplatz an der Schieferbrücke, die die Schiffssaale überspannt, wurde im Jahre 1833 für 3.000 Taler vom „Verein für den hallischen Handel" erworben, da der zur gleichen Zeit errichtete große Packhof in unmittelbarer Nähe lag. Die gestapelten Waren konnten so ohne großen Zeitverlust ein- und ausgeladen werden *(Foto S. 26 oben)*. Auf der gegenüberliegenden Seite besaß auch die 1722 eröffnete königliche Saline eine Verladerampe, an der Feuerungskohle ausgeladen und das fertige Salz verladen werden konnte.

Als 1857 an der Schiffssaale der Sophienhafen zur Förderung des halleschen Schiffsverkehrs eröffnet wurde, verlor die alte Verladerampe ihre Bedeutung. Seit 1895 transportierte die Hafenbahn die Waren und Güter zum Güterbahnhof, so daß die Stadt zu einem bedeutenden Umschlagplatz in Mitteldeutschland wurde.

Längst ist der Sophienhafen stillgelegt und die Hafenbahn aus dem Stadtverkehr verschwunden. Das Stadtbild an der Schieferbrücke und Mansfelder Straße hat sich verändert. Doch die feste Kaimauer und die alten Speichergebäude könnten vom vergangenen Arbeitsrhythmus, von Handel und Wandel erzählen. Heute fügt sich ein moderner Rundbau am Saaleufer harmonisch ins Stadtbild ein *(Foto S. 26 unten)*.

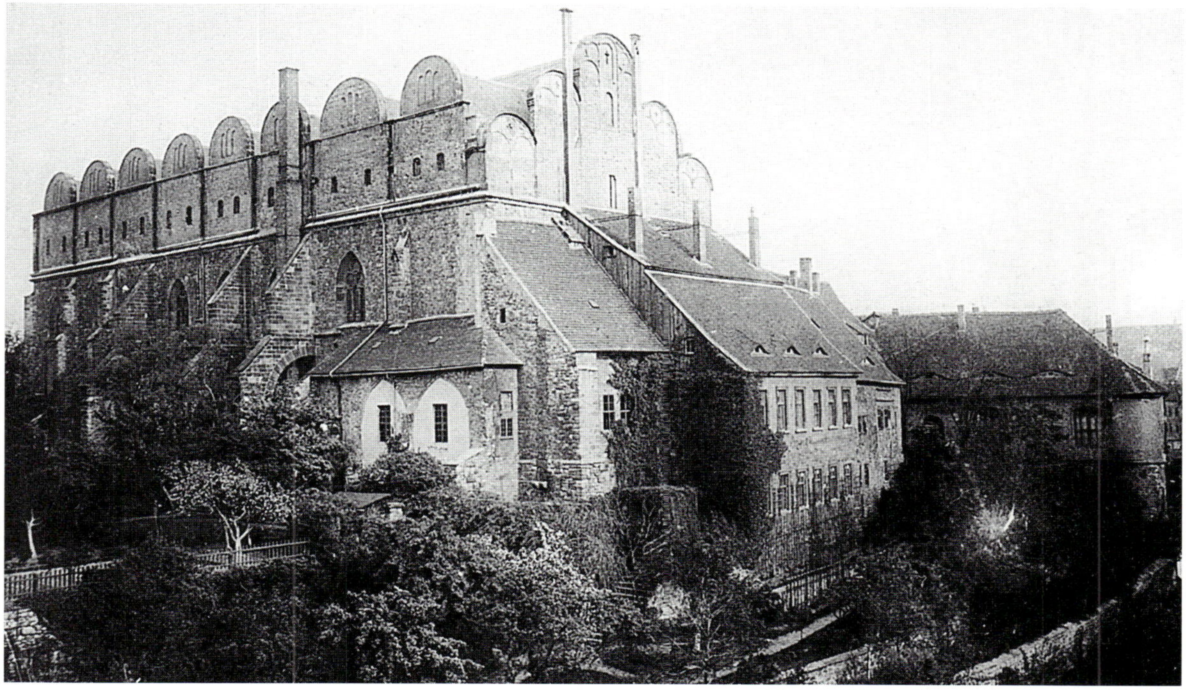

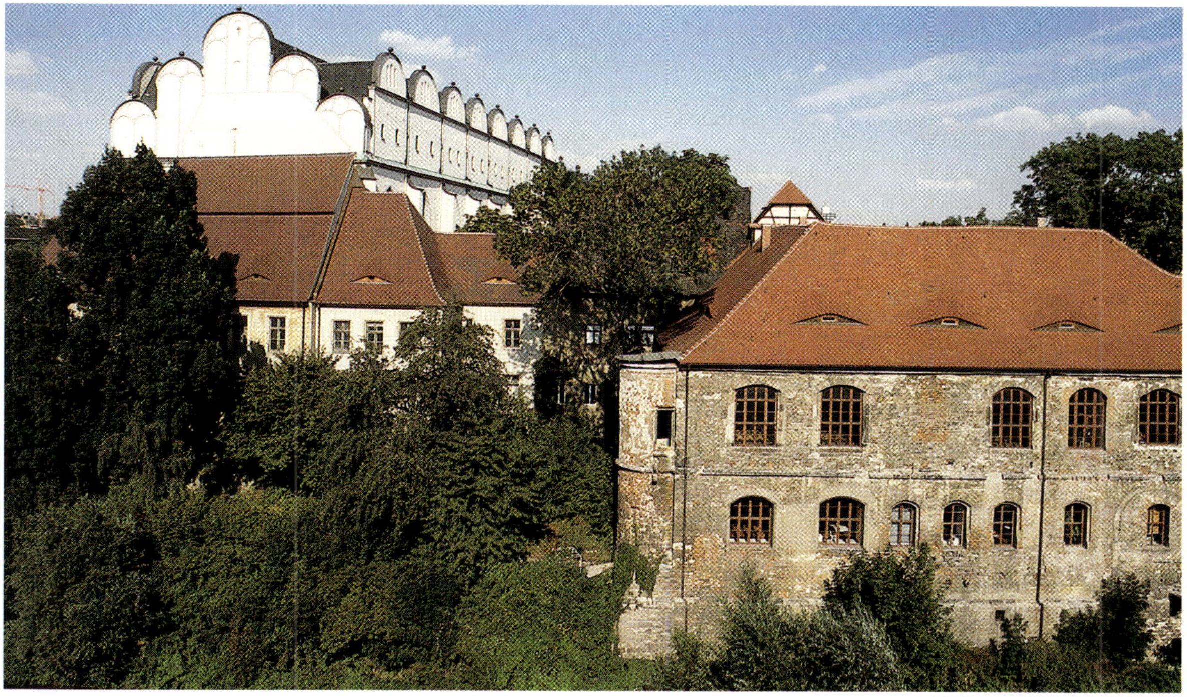

Für viele Maler Alt-Halles und alle Fotografen bildete die Westseite des Doms mit der angebauten Küsterei und den Pfarrhäusern über dem Ufer der Mühlgrabensaale ein beliebtes Motiv. Nach Süden hin erstreckt sich anschließend die Residenz, die als „Neues Gebäude" auf dem Gelände des 1529 abgerissenen städtischen Hospitals erbaut wurde und nach den Plänen des Erzbischofs Albrecht von Brandenburg Heimstatt einer katholischen Universität werden sollte *(Foto S. 27 oben)*.

Der Dom war in der Regierungszeit Albrechts Kathedralkirche des Erzstiftes Magdeburg und war überaus reich mit Altären, Gemälden und einem Pfeilerzyklus geschmückt. Der Kirchenfürst ließ die größte hallesche Kirche, 1271 als Gotteshaus der Dominikanerniederlassung gegründet, mit einem Kranz von Rundgiebeln verkleiden, die die frühesten Zeugnisse der mitteldeutschen Renaissance darstellen *(Fotos S. 27)*. Von größter Pracht war die kostbare Reliquiensammlung, die über 20.000 Stücke umfaßte und als „Hallesches Heiltum" berühmt wurde.

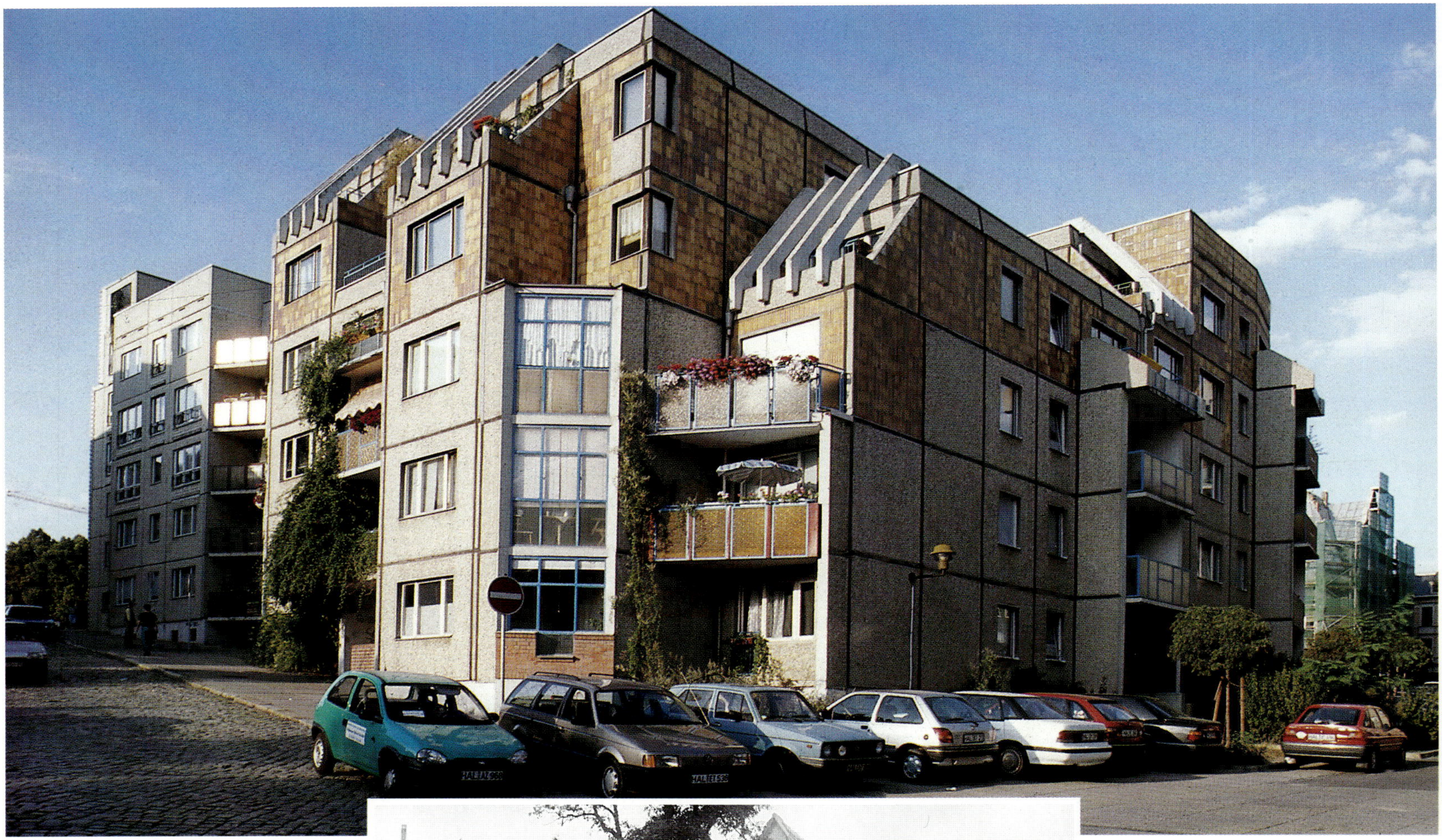
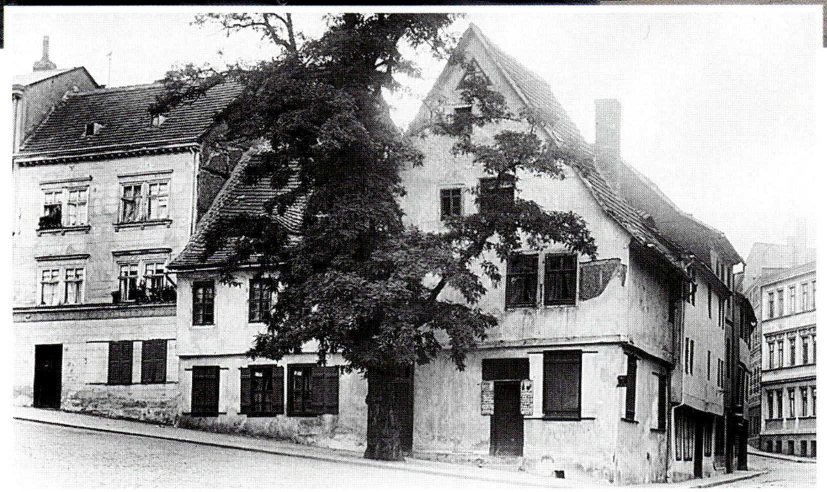

Zu den malerischsten Winkeln der Gegend um die Mühlpforte unterhalb des Domplatzes gehörte die Ecke Schloßberg/Mühlberg *(Foto links unten)*. Von hier begann der Aufstieg zur Moritzburg und dem davor liegenden Friedemann-Bach-Platz. Die altersschwachen Häuser wurden leider nicht restauriert, sondern im Herbst 1984 restlos abgeräumt. Im Juni 1985 begannen die Arbeiten an den Neubauten des Wohngebiets Domplatz, das ca. 530 Wohnungen zählt.

Die Große Ulrichstraße führt vom Rande des Marktplatzes in nördlicher Richtung aus der Altstadt heraus. Sie gehört seit dem Mittelalter zu den fünf Hauptverkehrssträngen, obwohl sie sehr kurvenreich und eng war *(Foto S. 29 oben)*. In den städtischen Schöffenbüchern wird sie ab 1266 häufig erwähnt, ein Beweis für ihre dichte Besiedlung. Zeugnisse des mittelalterlichen Stadtbildes sind auf dem alten Foto z.B. das Haus Nr. 43 (linker Bildrand) mit dem spätgotischen Portal, das noch alte Sitznischen hat. In der Bildmitte sieht man das Wohn- und Gasthaus „Zur güldenen Waagschale" mit seinen hohen Renaissancegiebeln an der Straßenseite.

In der zweiten Hälfte des 19. Jahrhunderts wandelt sich das Aussehen der Großen Ulrichstraße durch den Neubau vieler Warenhäuser und Wohngebäude, in deren Erdgeschossen Ladenzonen liegen. Seit 1882 führt eine Straßenbahnlinie durch die kurvenreiche Straße, die man um die Jahrhundertwende durch den Abriß alter vorspringender Häuser verbreiterte. In den letzten Jahrzehnten arg in Verfall geraten, erhält diese Straße jetzt durch Restaurierung vieler Häuser langsam ihr gutes Aussehen zurück und bleibt Zentrum des innerstädtischen Verkehrs und Einkaufs *(Foto S. 29 unten)*.

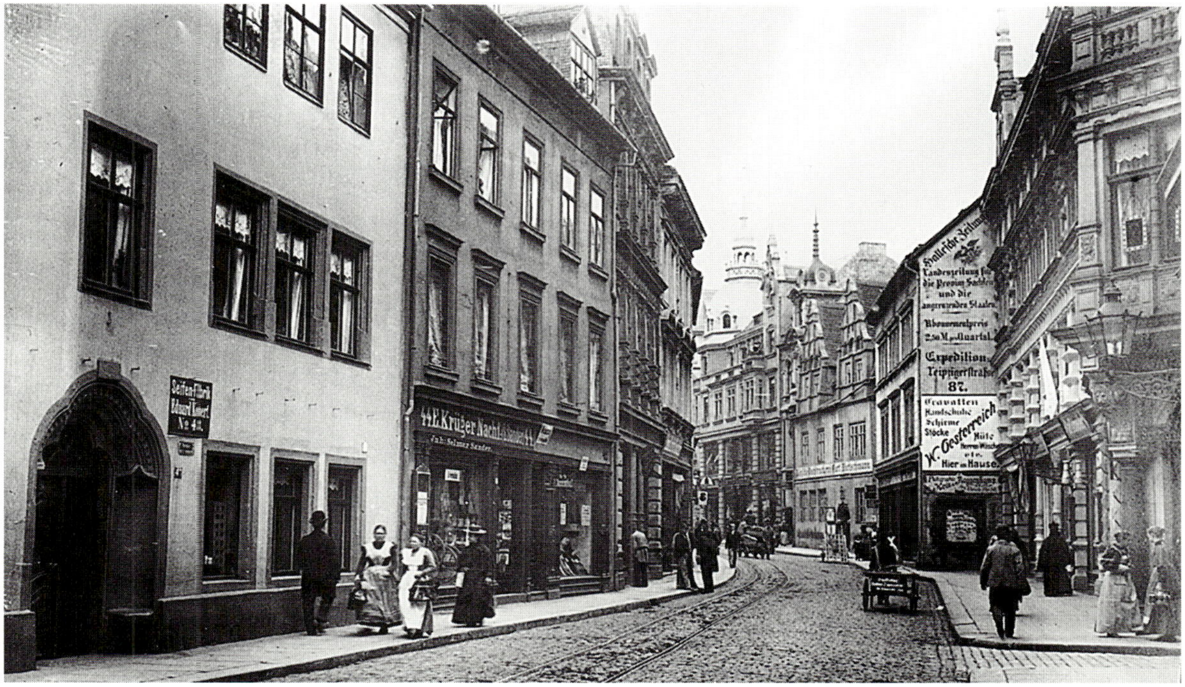

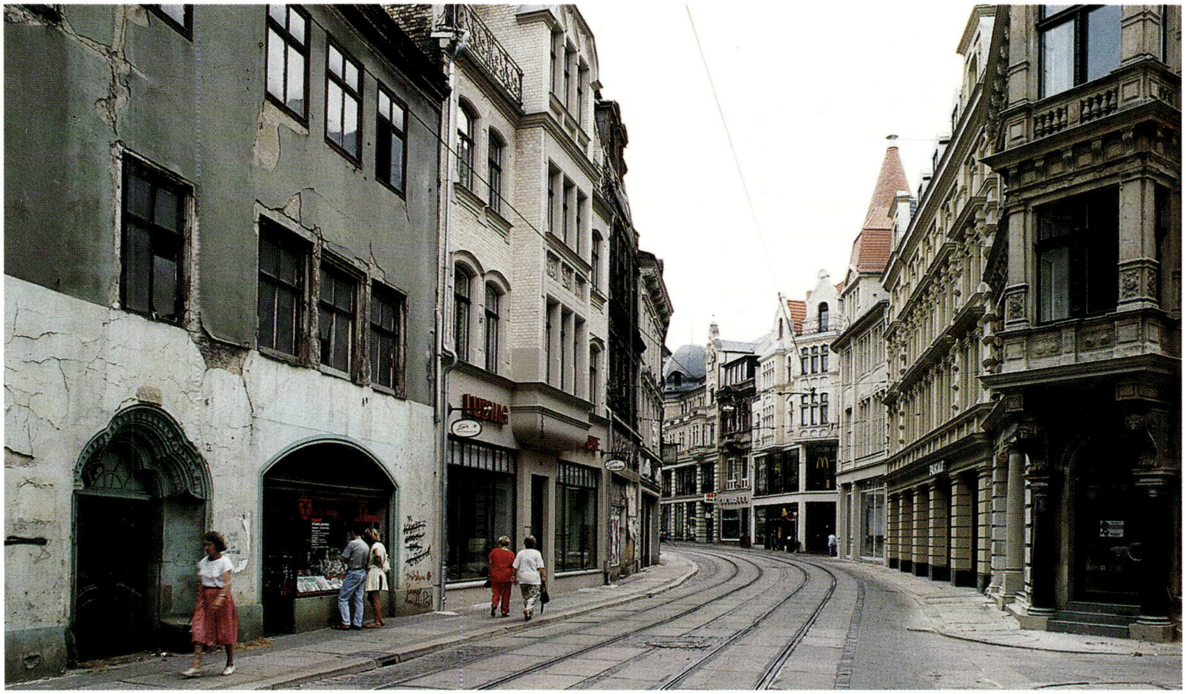

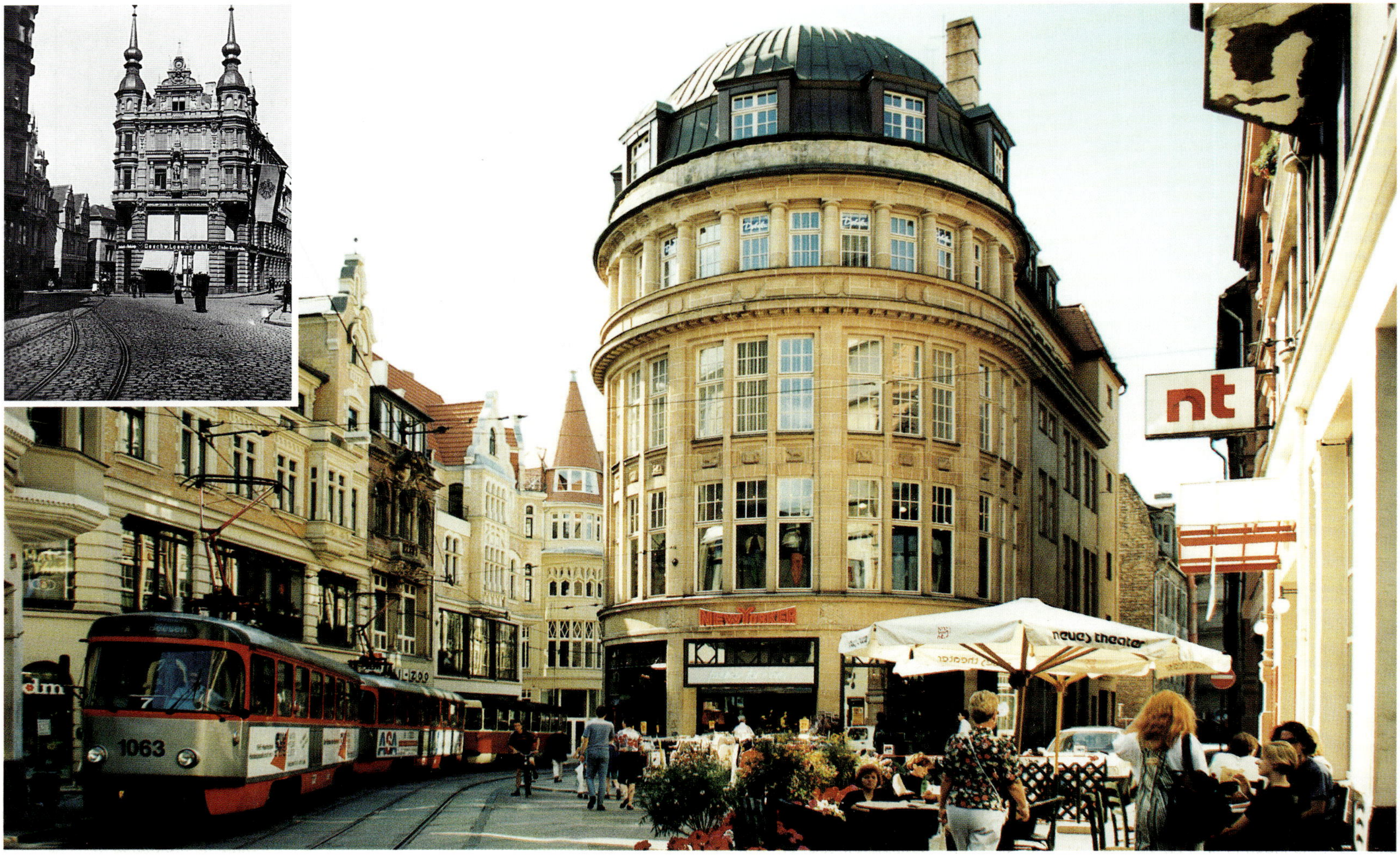

An dem Freiplatz zwischen großer Ulrichstraße und Spiegelstraße wurde kurz vor dem Ersten Weltkrieg mit dem vierstöckigen Rundkopfbau ein wirkungsvoller städtebaulicher Akzent gesetzt *(großes Foto)*. Der durch die hohen Fensterreihen lichthelle Komplex war das seit 1848 bestehende Geschäftshaus G. Aßmann, ein Spezialunternehmen für Herrengarderobe und Uniformen. Links steht das „Zeitungsgebäude“, in dem sich nacheinander die Redaktionen des „Generalanzeigers für Halle und den Saalkreis“, der „Hallischen Nachrichten“, der SED-Zeitung „Freiheit“ und der „Mitteldeutschen Zeitung“ befanden. Am rechten Bildrand sehen wir das „Neue Theater“, das in den alten „Kaisersälen“ seine Spielstätte gefunden hat.
An der Stelle des Rundbaus stand bis 1891 ein Gasthaus „Der Alte Dessauer“, das dem Geschäftsneubau Geschwister Loewendahl wich, an dem eine Standfigur über dem Ladenfenster noch an den berühmten Fürsten erinnerte. Nach knapp 20 Jahren wich dieser Bau dann dem Aßmann-Geschäftshaus *(kleines Foto oben.*
Die Große Steinstraße beginnt an der Kreuzung Kleinschmieden/Große Ulrichstraße/Große Nikolaistraße und führt in östlicher Richtung aufwärts bis zum Steintorplatz. Ihren Namen erhielt sie nach dem Stadttor am Ausgang der unteren Straßenhälfte. Sie gehörte zu den großen Handelswegen des mittelalterlichen Halle, auf denen Waren aller Art, besonders aber das Salz in Richtung Kursachsen (über Landsberg, Wittenberg) und weiter nach Kurbrandenburg (Berlin) transportiert wurde.
Von den vielen Fachwerkhäusern zurückliegender Jahrhunderte hat sich hier nichts erhalten. In der Topographie von Schultze-Galléra heißt es über ihren

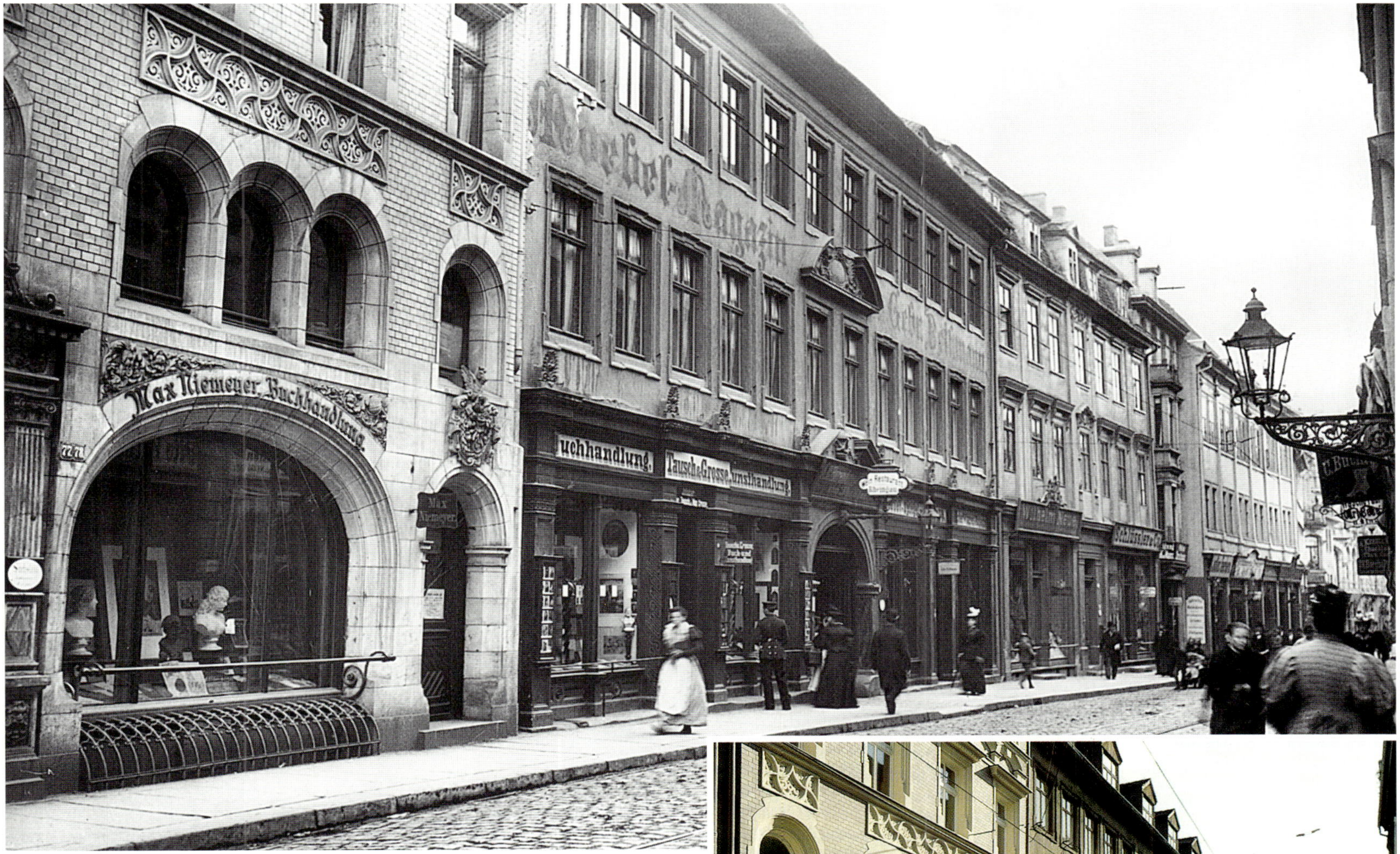

Wandel zur modernen Geschäftsstraße: „Erst um 1860 beginnt sich die Straße merklich zu verschönern, so daß sie seit den letzten fünfzig Jahren ein durchaus neues Aussehen erhalten hat. Große dreistöckige, ja vierstöckige Häuser in den Baustilen der verschiedenen Jahrzehnte und ihre ununterbrochene Kette großer und glänzender Läden, das buntbewegte Leben, die elektrische Straßenbahn (seit 1892) und die elektrische Beleuchtung (seit 1902) geben ein vollendetes Großstadtbild“ *(Foto S. 31 oben)*.
Viele der alten Geschäftshäuser wie die Buchhandlung Max Niemeyer, heute Hallisches Antiquariat und fliegenkopf-Verlag, sind in altem Glanz wiedererstanden, Bombenlücken am Beginn der Straße durch einen großen Geschäftskomplex geschlossen worden *(Foto S. 31 unten)*.

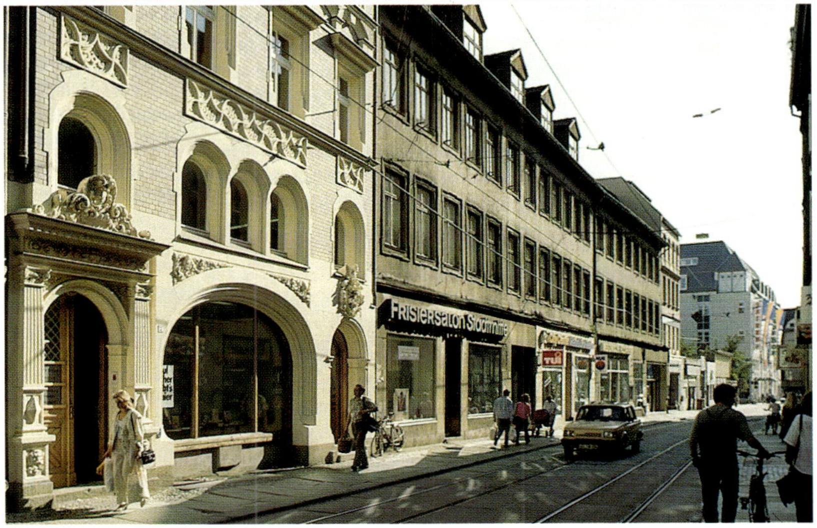

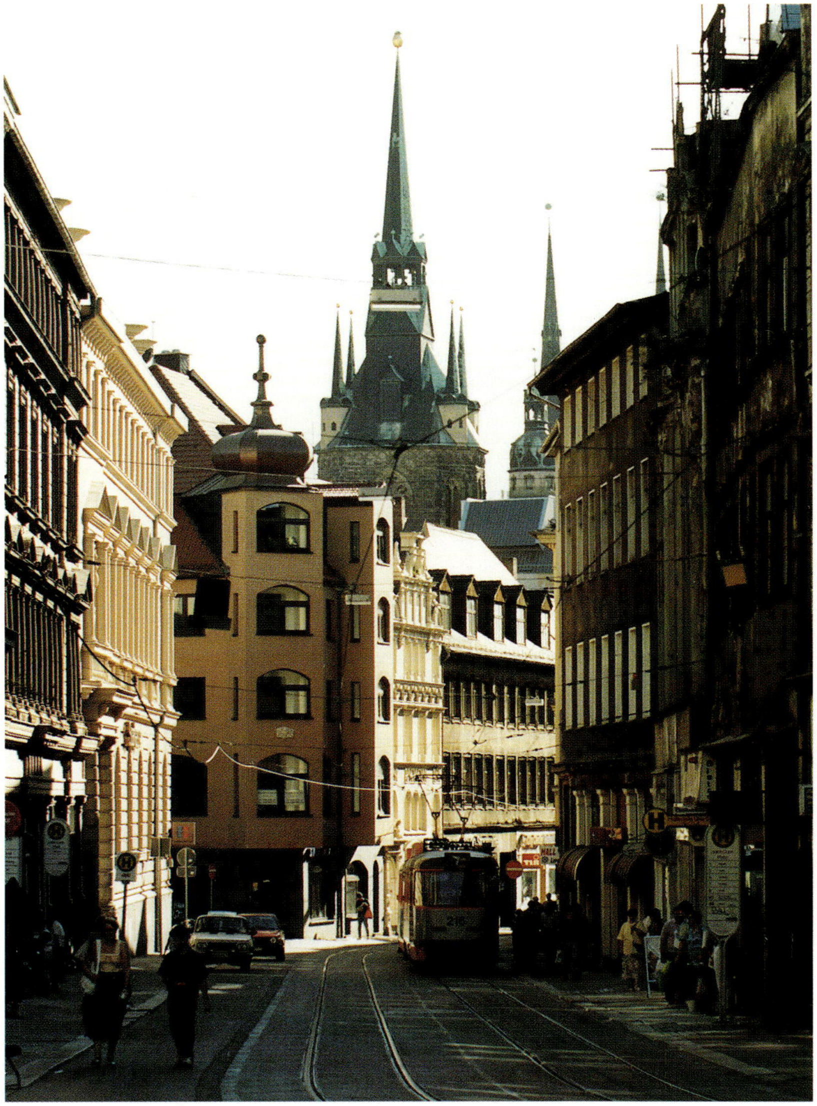

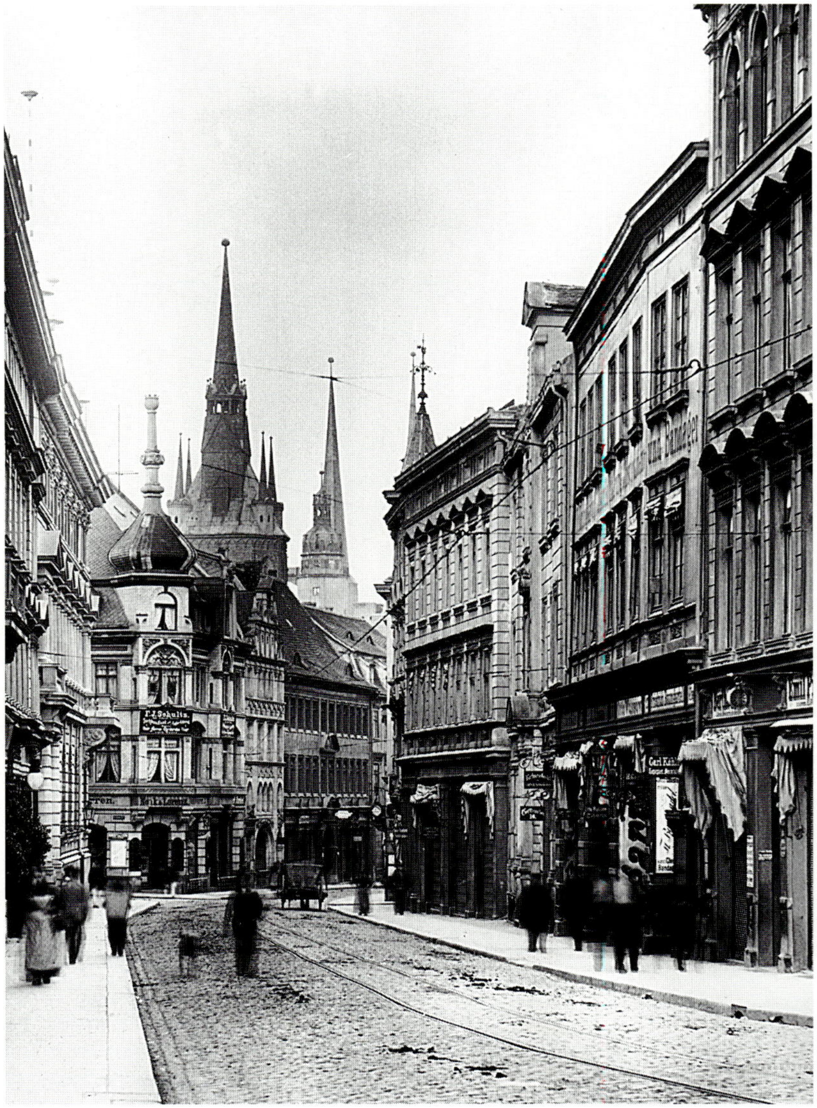

Von der unteren Großen Steinstraße aus sehen wir die fünf Türme Halles (Marktkirche, Roter Turm) und sogar die Haube des Alten Rathauses weit emporragen *(Foto S. 32 rechts)*.
Auch an der Ecke zur Kleinen Steinstraße, wo ebenfalls Bomben Ruinen hinterließen, sind neue Geschäftshäuser entstanden *(Foto S. 32 links)*.

Das Stadttheater gehört zu den vielen repräsentativen Bauten, die Zeugnis von einer durch die industrielle Entwicklung reich gewordenen Großstadt ablegen. Der zentral auf einer Anhöhe gelegene Kuppelbau entstand nach Plänen des Architekten Heinrich Seeling und wurde am 9. Oktober 1886 festlich eingeweiht *(Foto S. 33 unten)*.
Ein Bombenangriff vom 31. März 1945 zerstörte das inzwischen traditionsreiche Haus. Trotz schwierigster Zeitverhältnisse wurde mit dem Wiederaufbau des Theaters sofort begonnen. Auf den Tag genau sechs Jahre nach der Zerstörung wurde das Theater wieder eröffnet *(Foto S. 33 oben)*.

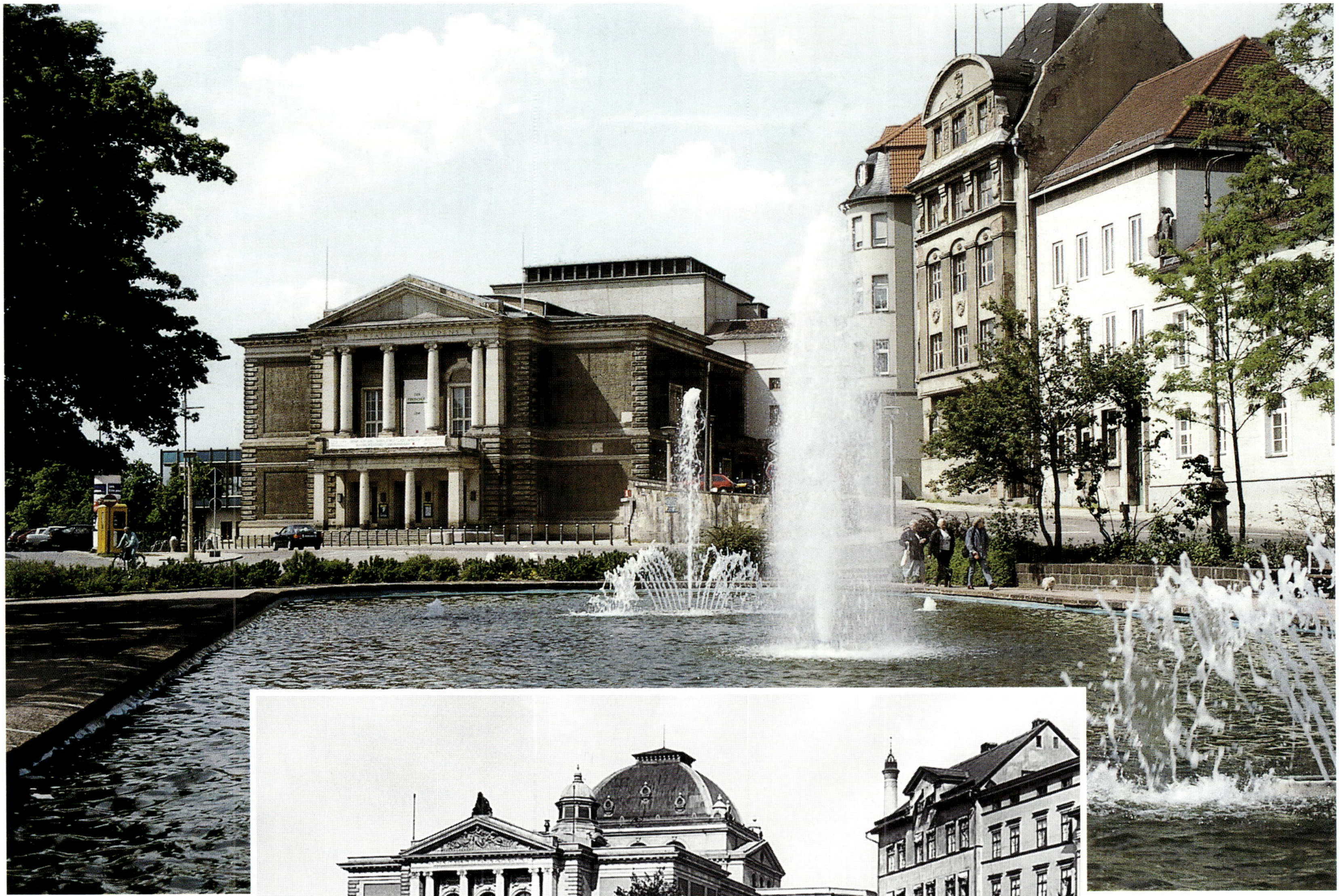

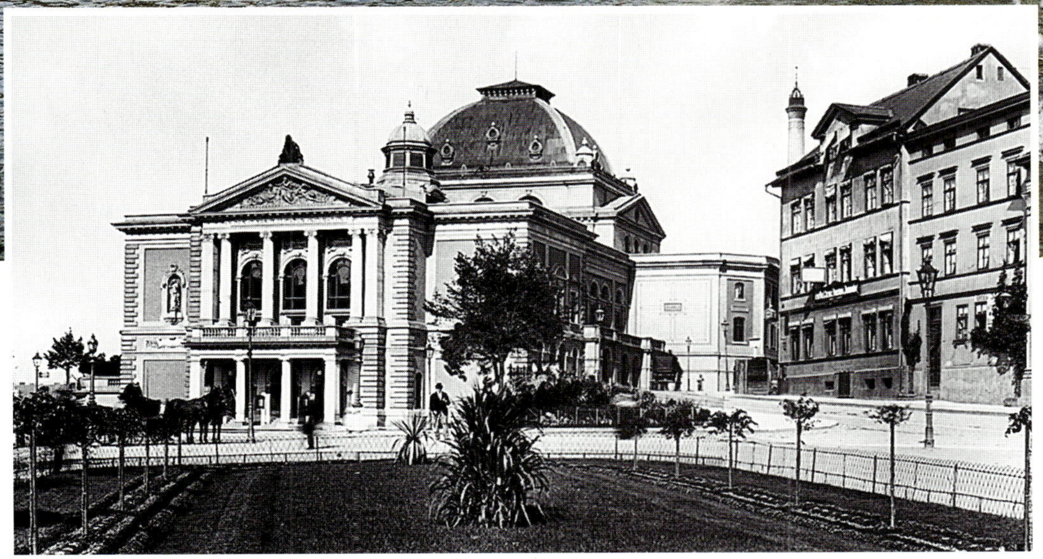

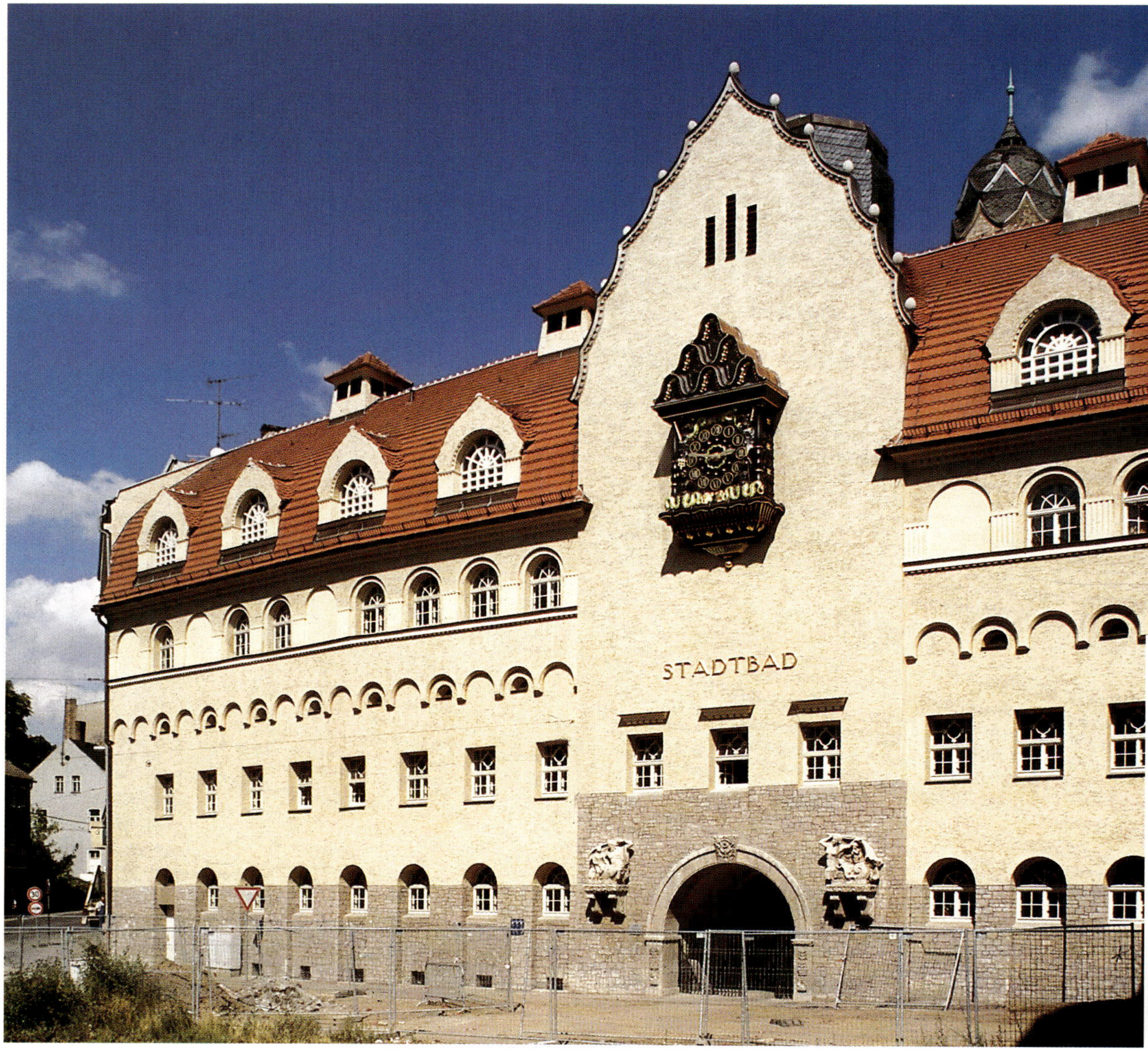

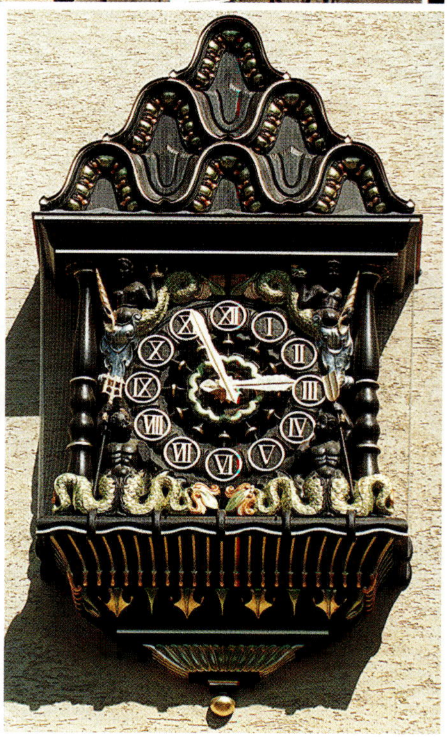

Das Stadtbad in der Schimmelstraße ist ein monumentaler, vierstöckiger Bau, der allerdings in seiner beengten Lage nicht recht zur Wirkung kommt. Es ist ein Werk des Stadtbaurats Wilhelm Jost, von 1913 bis 1916 errichtet, es wird zur Zeit umfassend restauriert. Von der reichen Jugendstilausstattung des Bades ist die große Zeigeruhr über dem Eingangsportal ein besonders schönes Beispiel *(Foto S. 34 unten).*

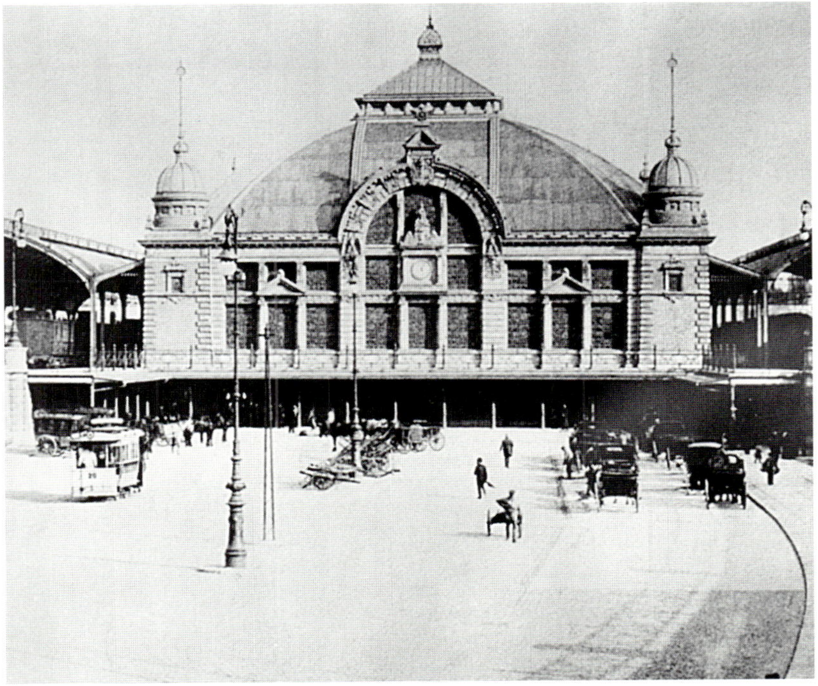

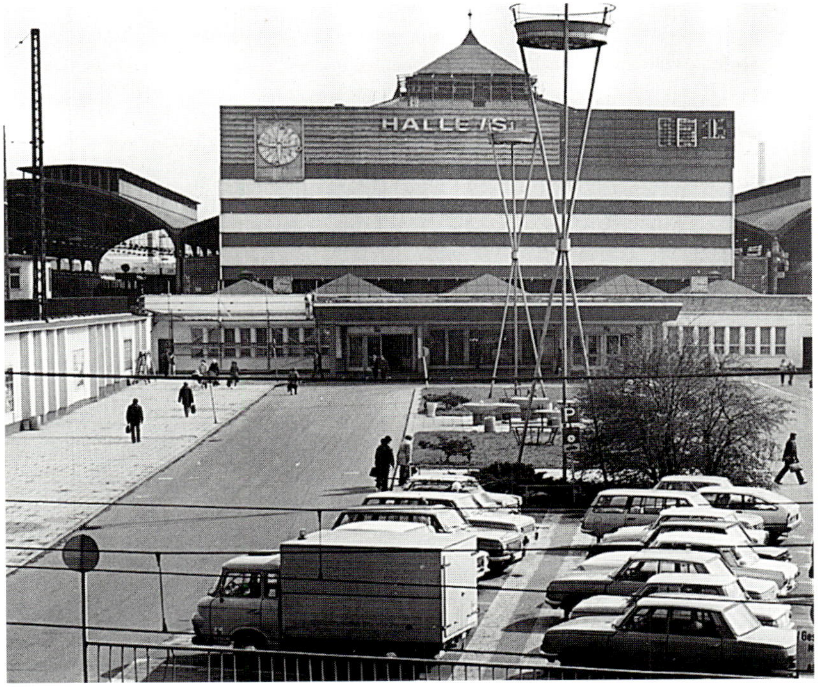

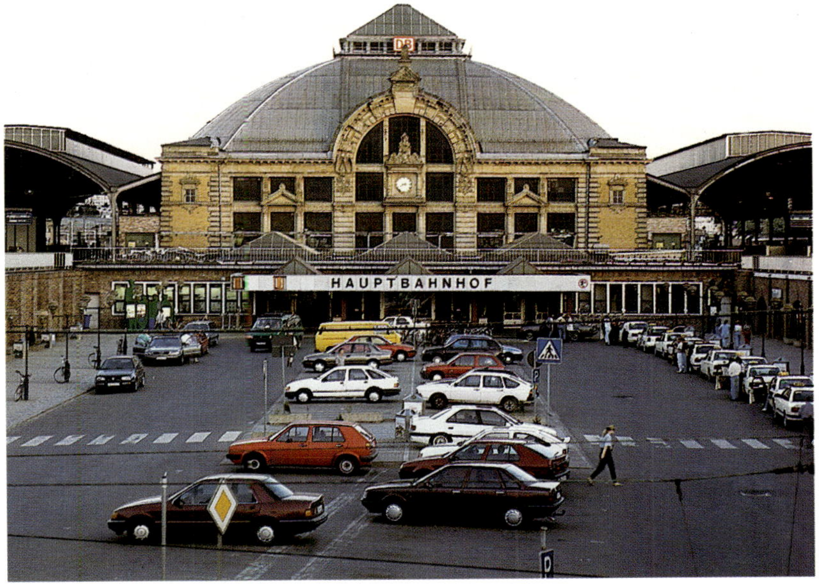

Der Hauptbahnhof Halle konnte nach langen Baujahren im Oktober 1890 in Betrieb genommen werden. Die reich gegliederte Schauseite mit dem Mittelbogen und den flankierenden Türmen wird von einer prächtigen Kuppelhalle überwölbt *(Foto S. 35 oben links)*. Der originale Zustand wurde im August 1968 zerstört, als man die Schauseite mit einer Alufassade verhängte, die von einer Stahlkonstruktion gehalten wurde *(Foto S. 35 oben rechts)*.
Im letzten Jahrzehnt erfuhr der Hauptbahnhof umfassende Veränderungen und Erneuerungen, die neben der Rekonstruktion der Kuppelhalle im Innern auch die Fassade in alter Schönheit wieder herzustellen suchten *(Foto S. 35 unten)*.

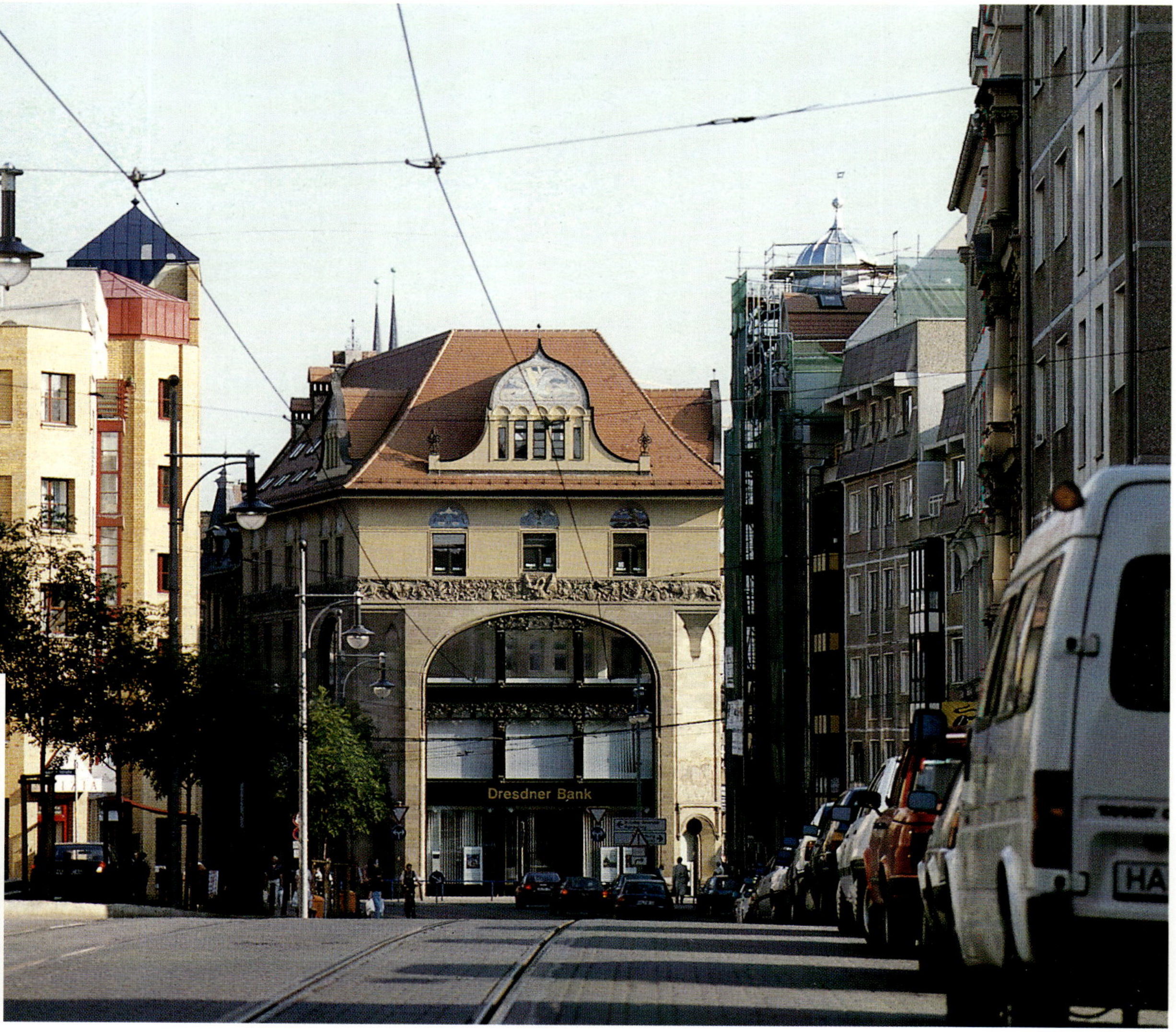

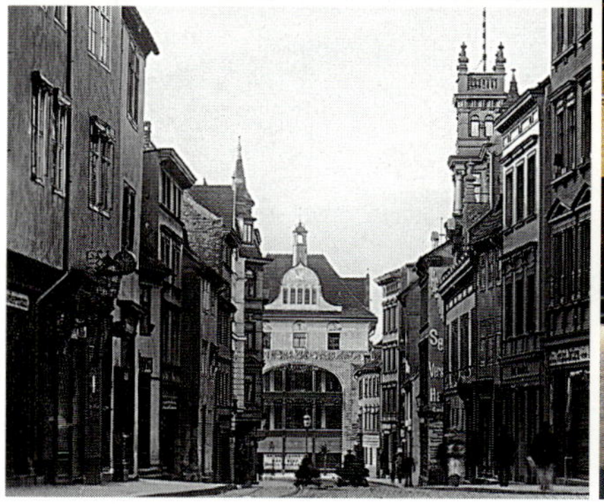

Zu den schönsten modernen Bauten im Stadtinnern gehört das Geschäftshaus Große Ulrichstraße Nr. 33/34. Das Jugendstilgebäude mit seinen detailfreudigen Bandfriesen und Dachgiebeln (Mosaikarbeiten) ist ein Meisterwerk der halleschen Architekten Knoch und Kallmeyer. Es entstand um 1897. Die attraktive Schauseite mit dem hohen Schaufensterbogen stand genau im Blick der Geiststraße *(Foto S. 36 unten)*. Die Eingangszone Geiststraße/Universitätsring hat sich gegenüber der Jahrhundertwende sehr stark verändert. Zwar wurde das Jugendstilhaus restauriert, doch viele alte Häuser trotz des Protestes der Denkmalpfleger hier abgerissen und durch moderne Neubauten ersetzt *(großes Foto)*.

Die von 1484 bis 1503 errichtete Moritzburg, Residenz der Magdeburger Erzbischöfe, brannte 1637/39 ab und blieb als Ruine liegen *(Foto S. 37 oben)*. In den neunziger Jahren des vorigen Jahrhunderts begann die schrittweise Wiederherstellung, um Räume für die Universität und später auch für das Städtische Kunstmuseum nützen zu können. Mit großem Aufwand betrieb man in den letzten Jahren eine umfassende, denkmalgerechte Restaurierung, um den gewaltigen Bau, heute ausschließlich Sitz der Staatlichen Galerie, in alter Schönheit wiederherzustellen *(Foto S. 37)*.

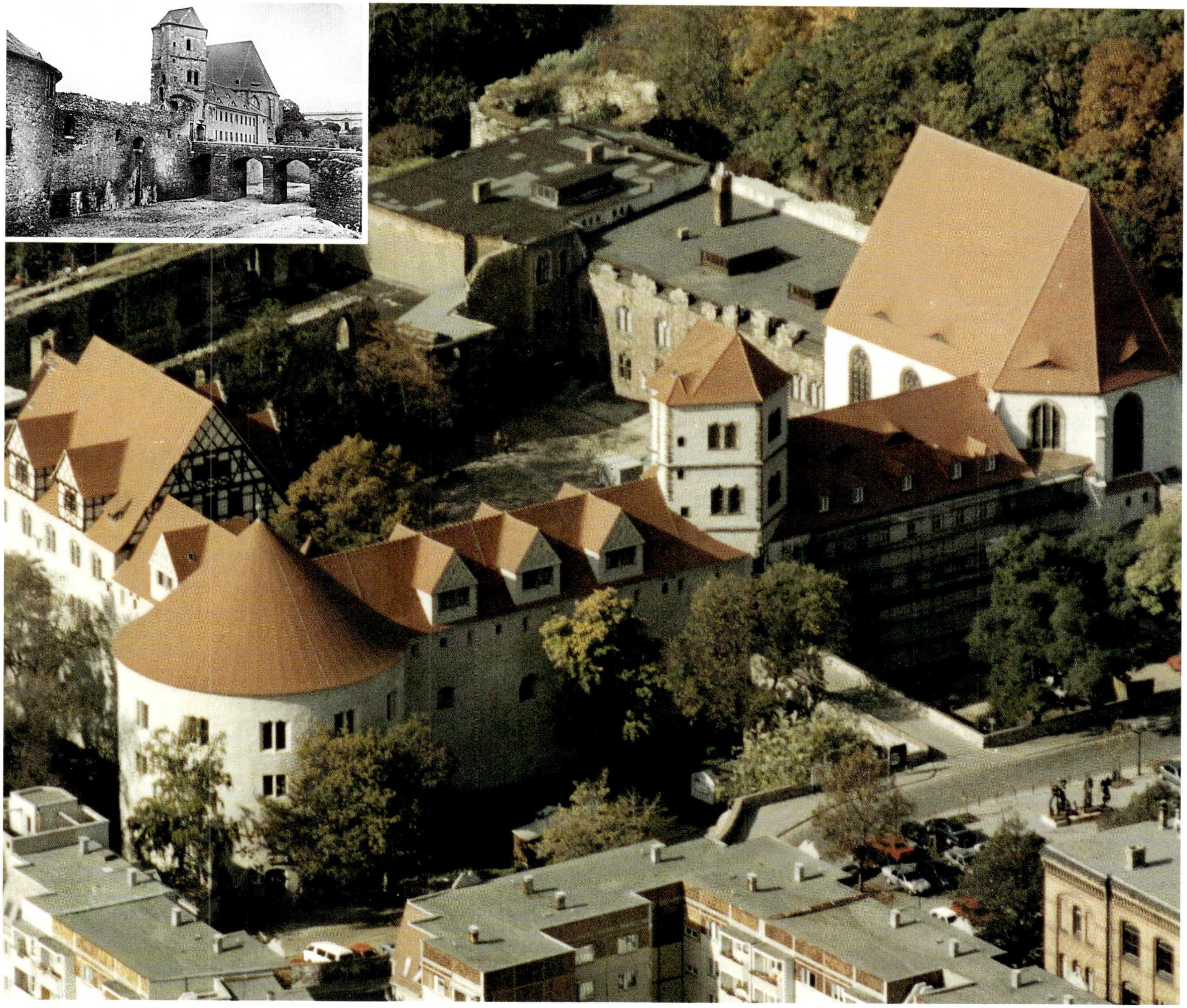

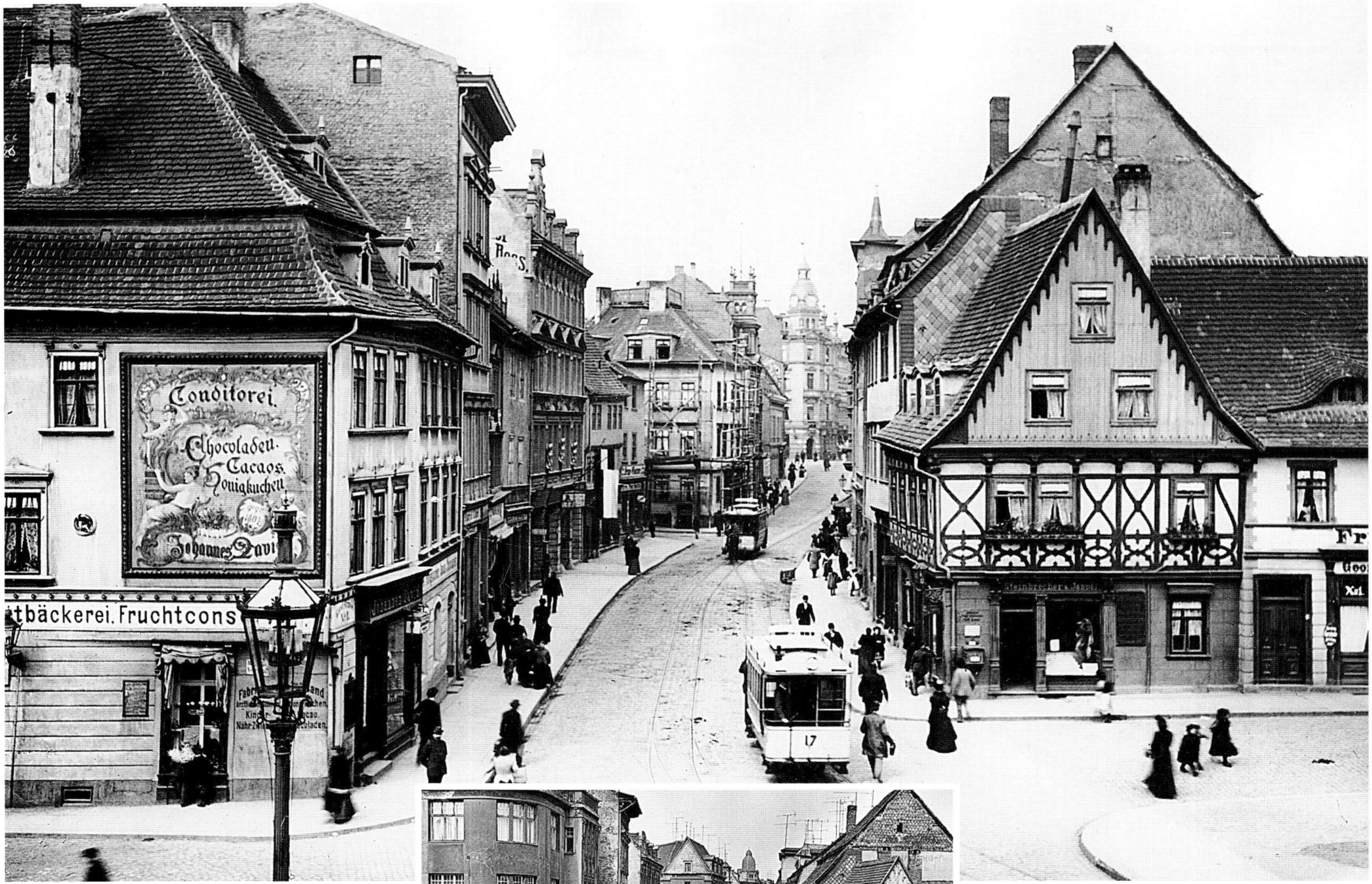
Conditorei.
Chocoladen.
Cacaos.
Honigkuchen

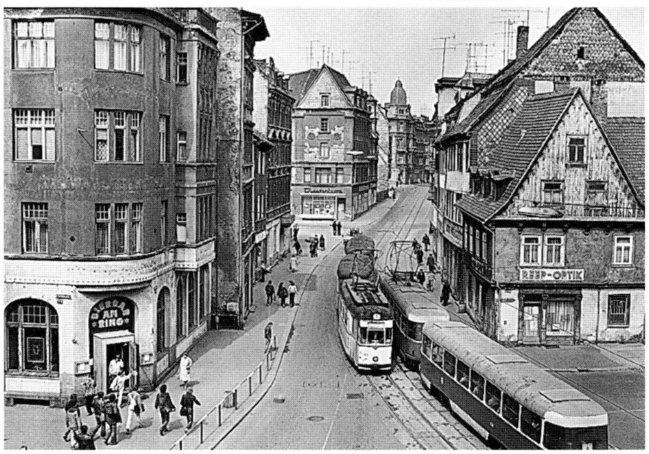

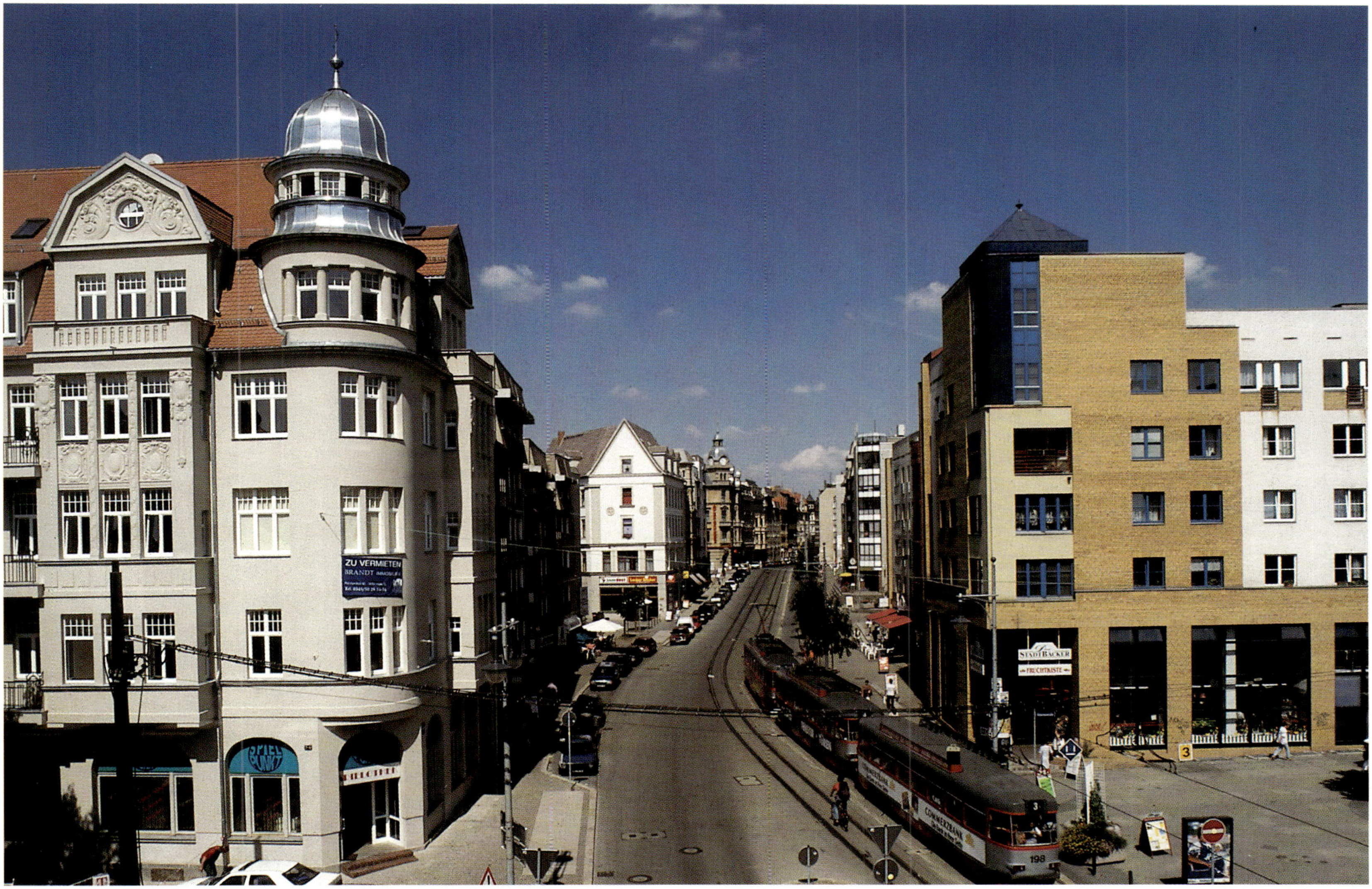

Das historische Foto, aufgenommen von der Kreuzung Alte Promenade/Große Ulrichstraße, zeigt den Blick in die Geiststraße bis zur Adler-Apotheke *(Foto S. 38 oben)*.
Das Geschäftshaus der Konditorei und Schokoladenfabrik David wich 1911/13 dem modernen Neubau, der noch heute den Straßeneingang wirkungsvoll akzentuiert. Gegenüber, an der Ecke Scharrenstraße, lag das Fachwerkhaus mit dem Geschäft Reep-Optik, ein wunderschöner Bau, wie das Bild vom Ende der siebziger Jahre zeigt *(Foto S. 38 unten)*. Trotz heftiger Proteste fiel es im Februar 1988 der Spitzhacke zum Opfer, Häuser auf beiden Seiten der Geiststraße folgten. Man schloß die Baulücken durch Plattenbauten und einen vielgeschossigen Eckneubau, der die Eingangszone und die Platzanlage wieder vervollständigte *(Foto S. 39)*.

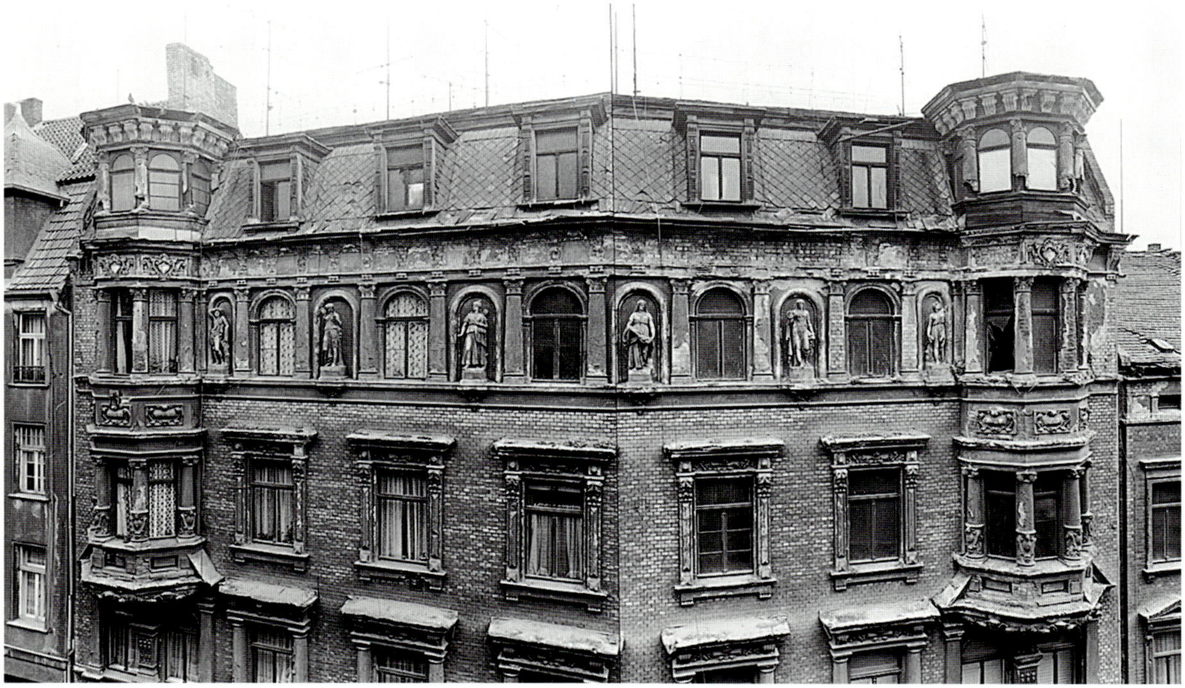
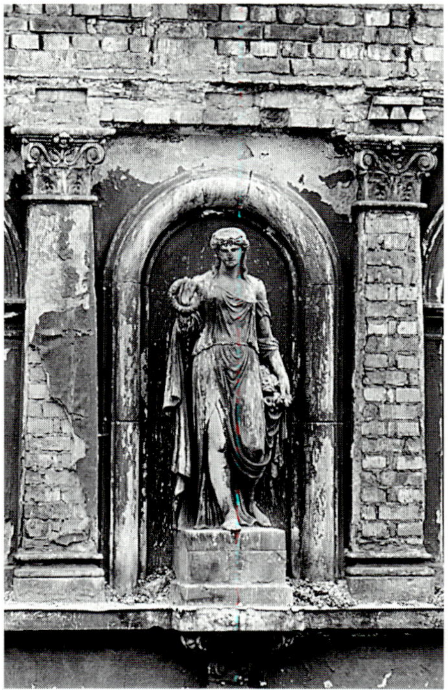
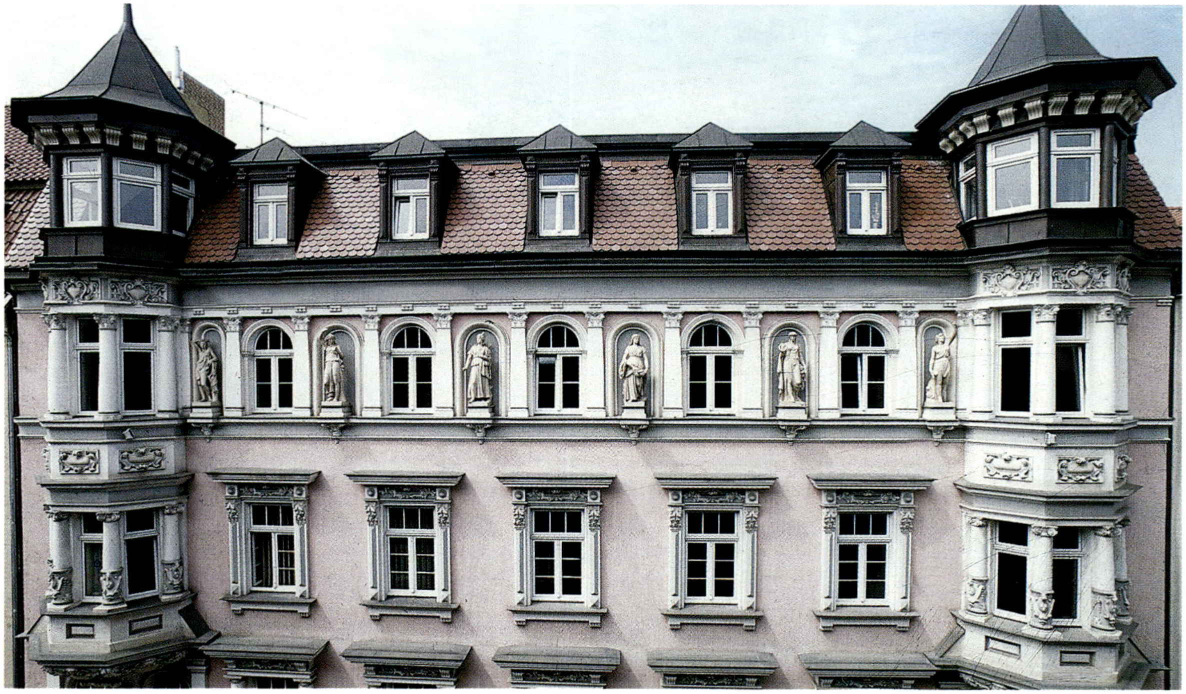
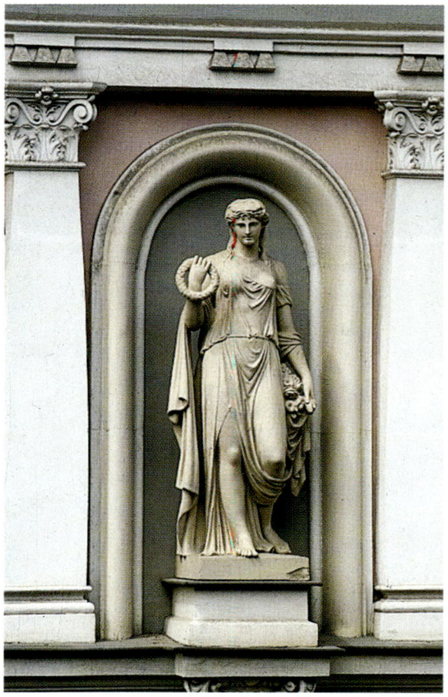

Zum reichen Baubestand der Gründerzeit in Halle gehören viele Mehrfamilien- und Geschäftshäuser, die einen überraschenden Reichtum an Details und künstlerischen Schmuckformen aufweisen. Leider verwahrlosten viele von ihnen und waren dem Verfall preisgegeben. Eine trostlose Ruine kurz vor dem Abriß war das mehrgeschossige Gebäude Geiststraße 23 *(Foto S. 40 oben)*. Es wurde Anfang der neunziger Jahre restauriert und erhielt seine flankierenden Türmchen wieder. In den Nischen zwischen den Fenstern des oberen Stockwerks stehen mythologische Figuren, die die prunkvolle Fassade besonders schmücken *(Foto S. 40 u. 41 unten und rechts)*.

Der Blick dieses Fotos geht vom Reileck aus in die Ludwig-Wucherer-Straße *(Foto S. 41 oben)*. Viele dieser Häuser werden jetzt restauriert, so auch die 1893 gegründete Mohren-Apotheke.

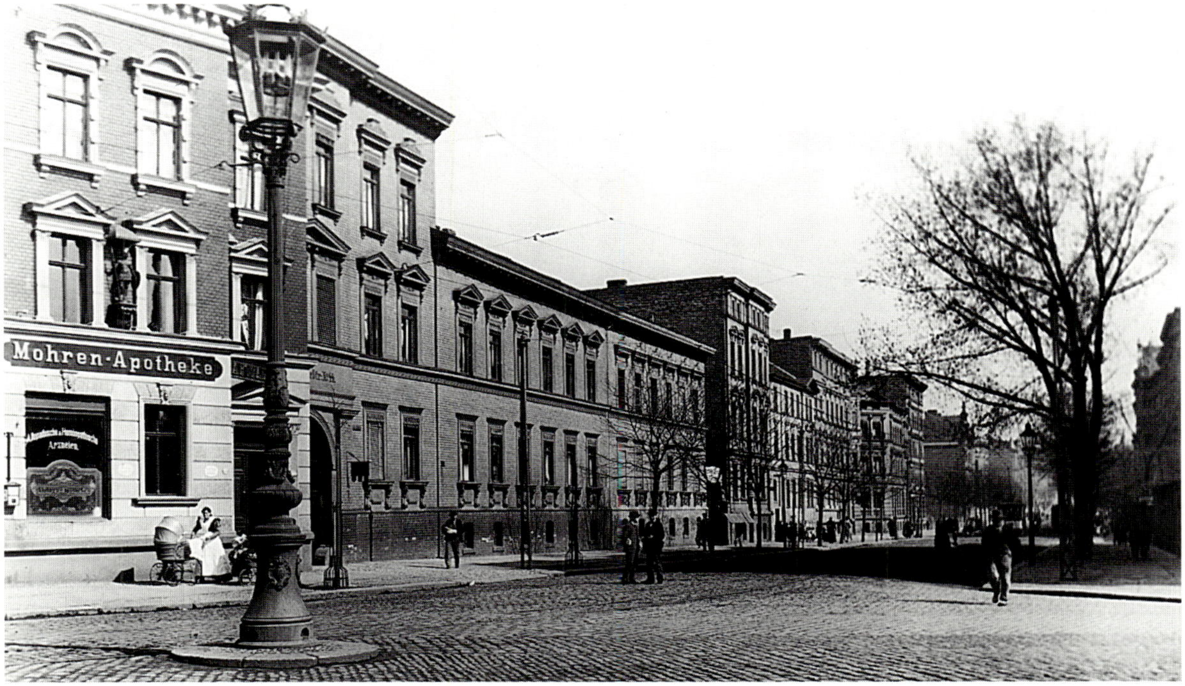

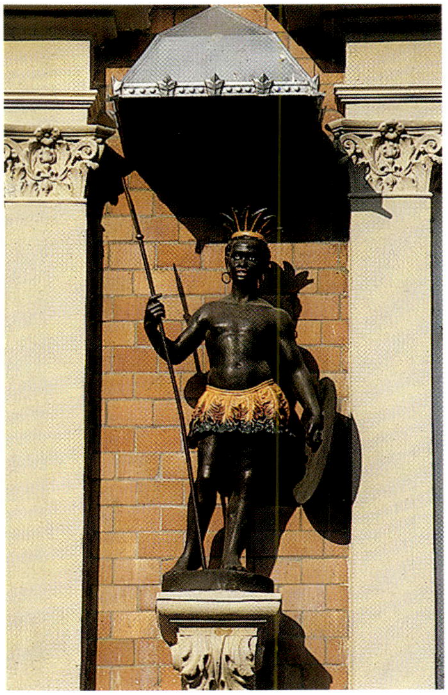

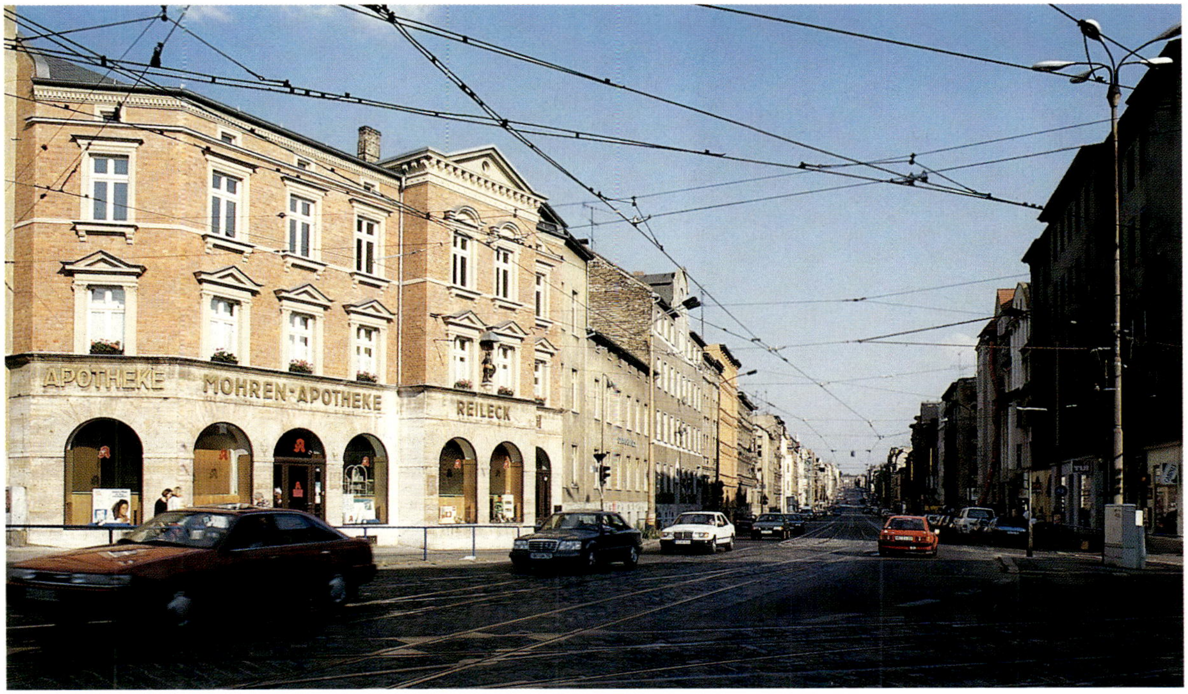

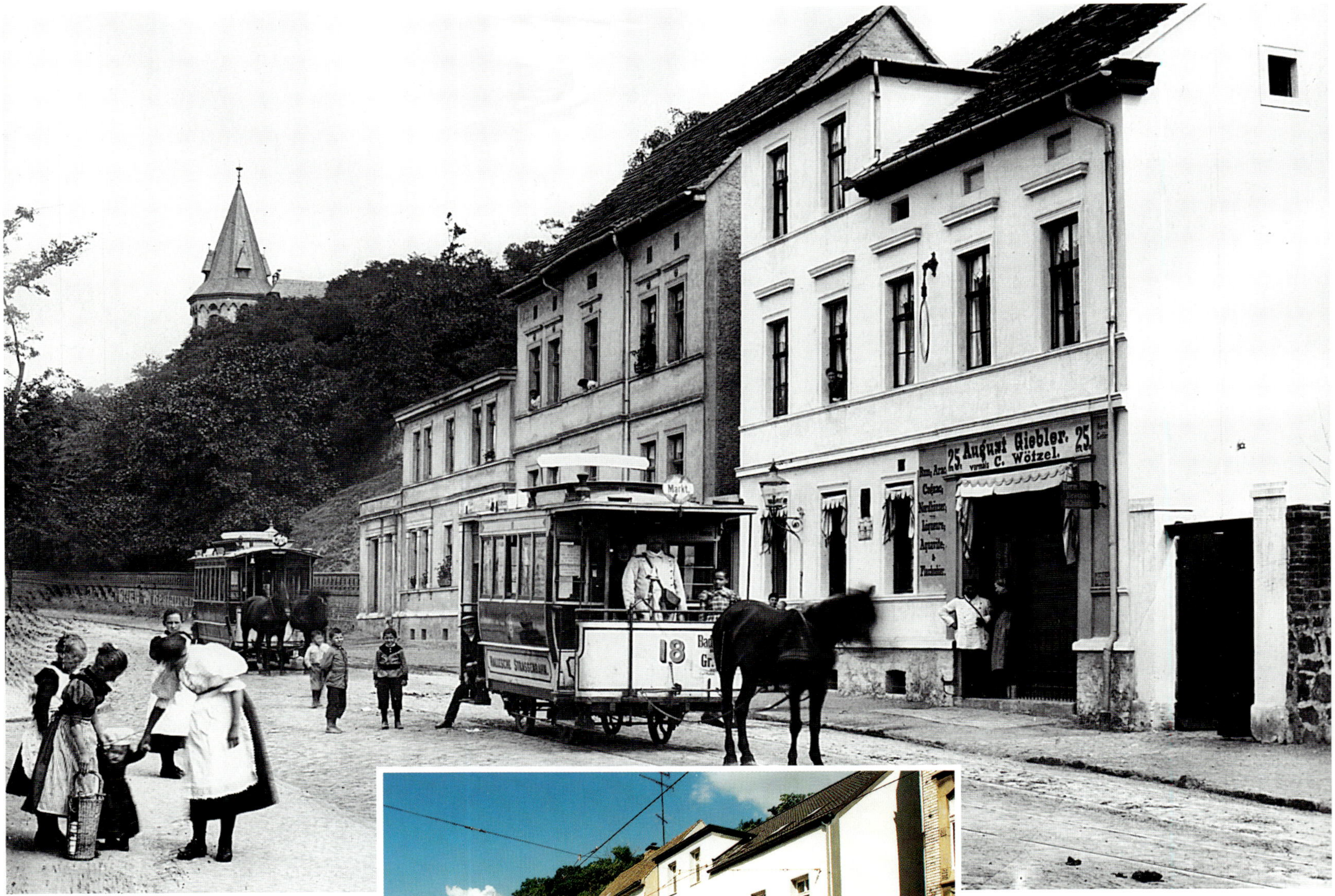
25 August Giebler. 25
vorm. C. Wötzel.
Markt
18

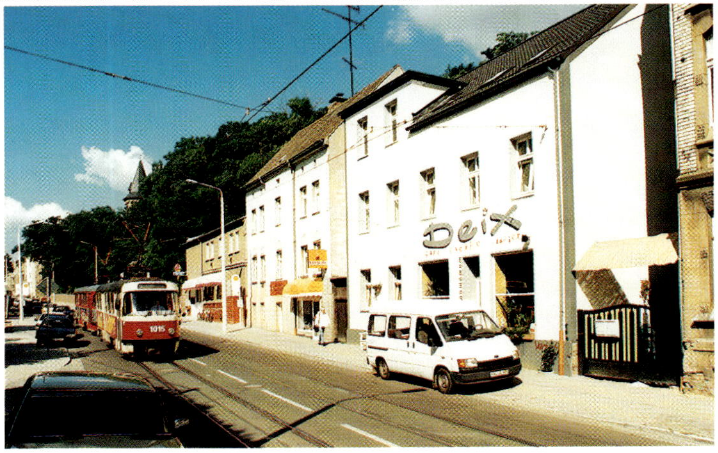
Deix

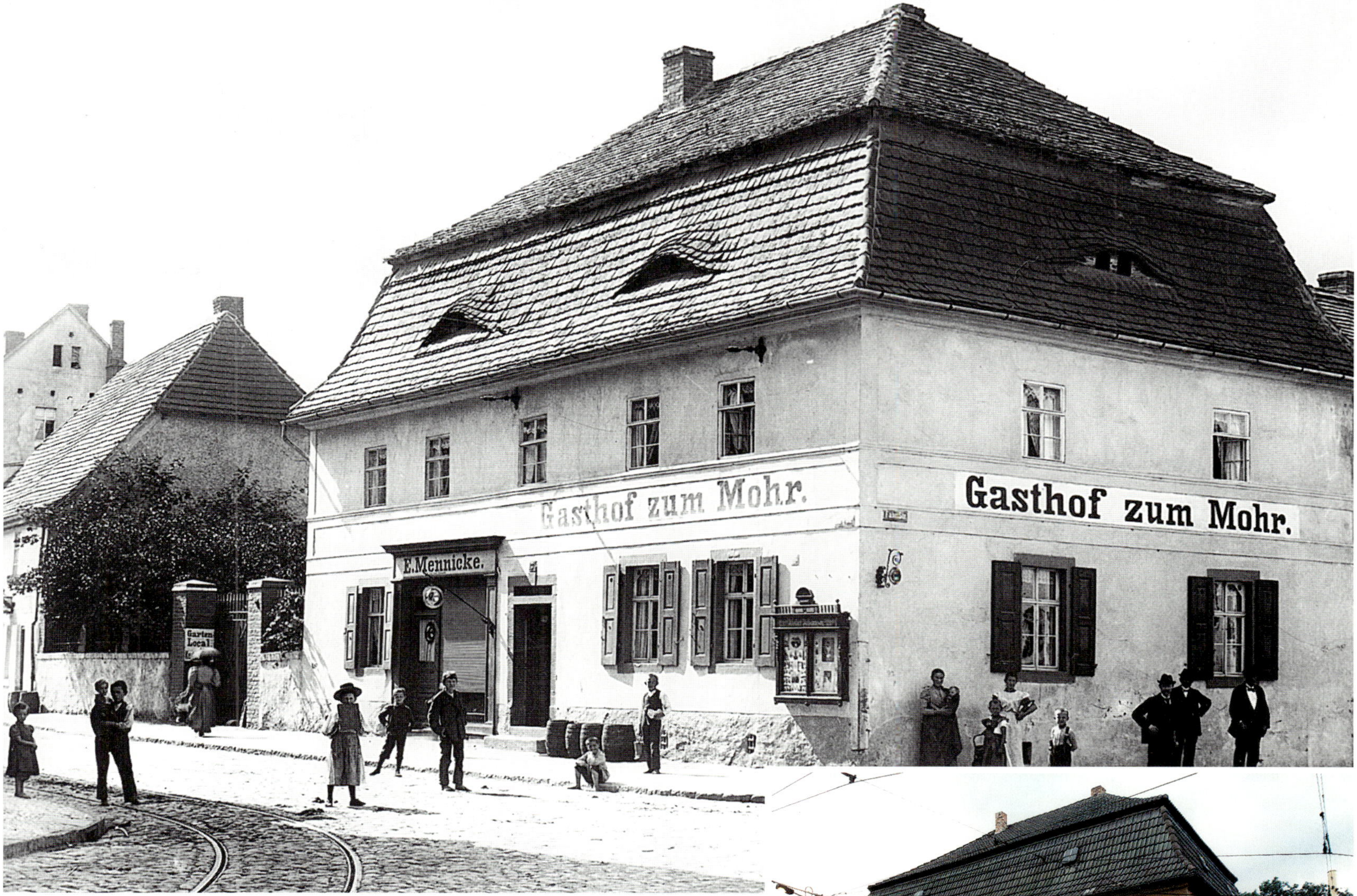

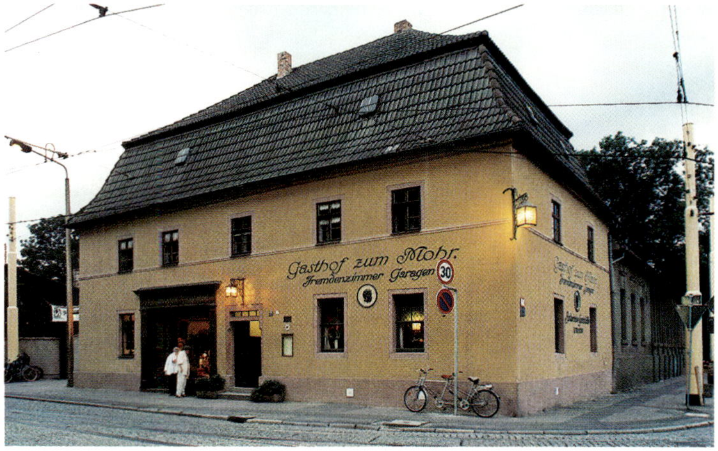

Die Seebener Straße in Giebichenstein am Fuße des Reilsberges (Zoologischer Garten) erhielt schon 1882 eine Linie der Pferdebahn, die 1898 auf elektrischen Betrieb umgestellt wurde *(Foto S. 42 oben und unten).*
An der Kreuzung Burgstraße/Seebener Straße liegt der uralte, in der Mitte des 16. Jahrhunderts erbaute „Gasthof zum Mohr". In den achtziger Jahren durch einen Brand stark in Mitleidenschaft gezogen, lädt er nun nach seiner Wiederherstellung die Gäste zu gemütlichem Verweilen ein *(Foto S. 43 oben und unten).*

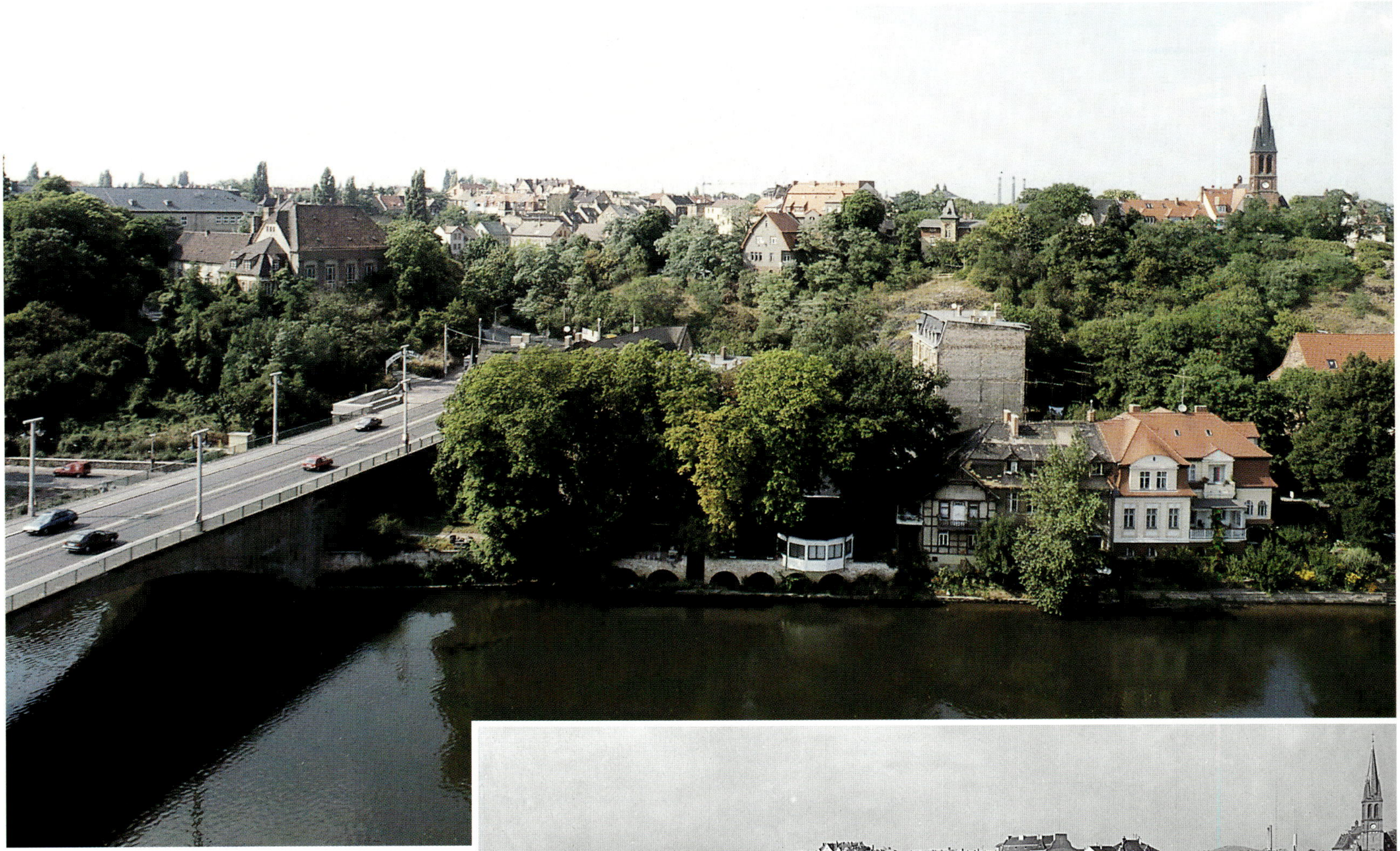

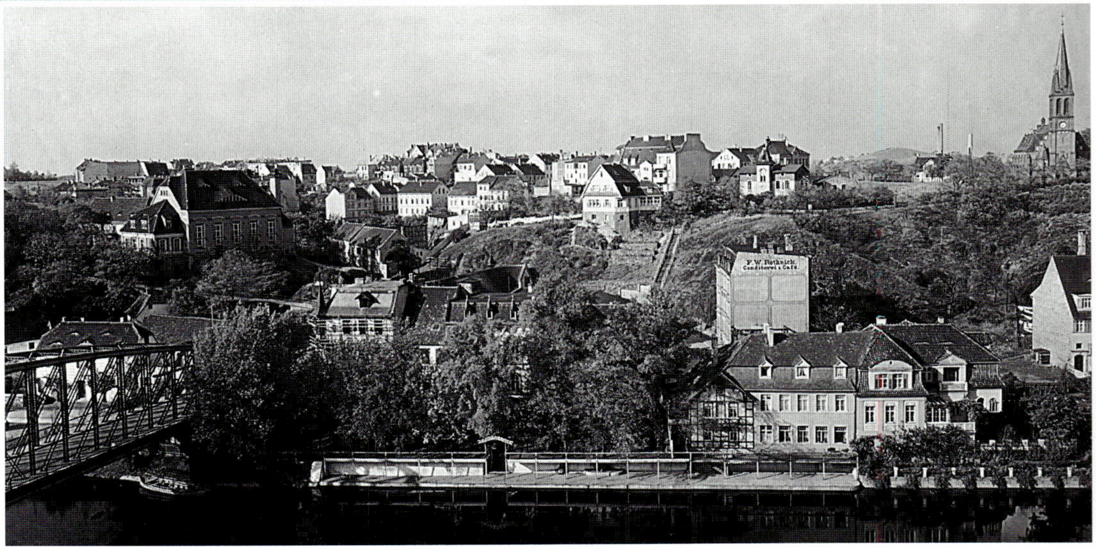

Zu den reizvollsten Saalepartien bei Halle gehören die Porphyrhöhen von Kröllwitz. Nach der Eingemeindung des alten Fischerdorfes setzte dort eine starke Bebauung ein, sowohl unten in der Talstraße (mit Ausflugslokalen) als auch auf den Felskuppen. Um den Verkehr zu bewältigen, wurde 1892 die eiserne Bogenbrücke über die Saale gespannt. Auf der Anhöhe darüber liegt die Bergschenke, einst eine beliebte Studentenkneipe und Ausflugslokal. Am rechten Bildrand sehen wir die 1901 geweihte Petruskirche *(Foto S. 44 unten).*

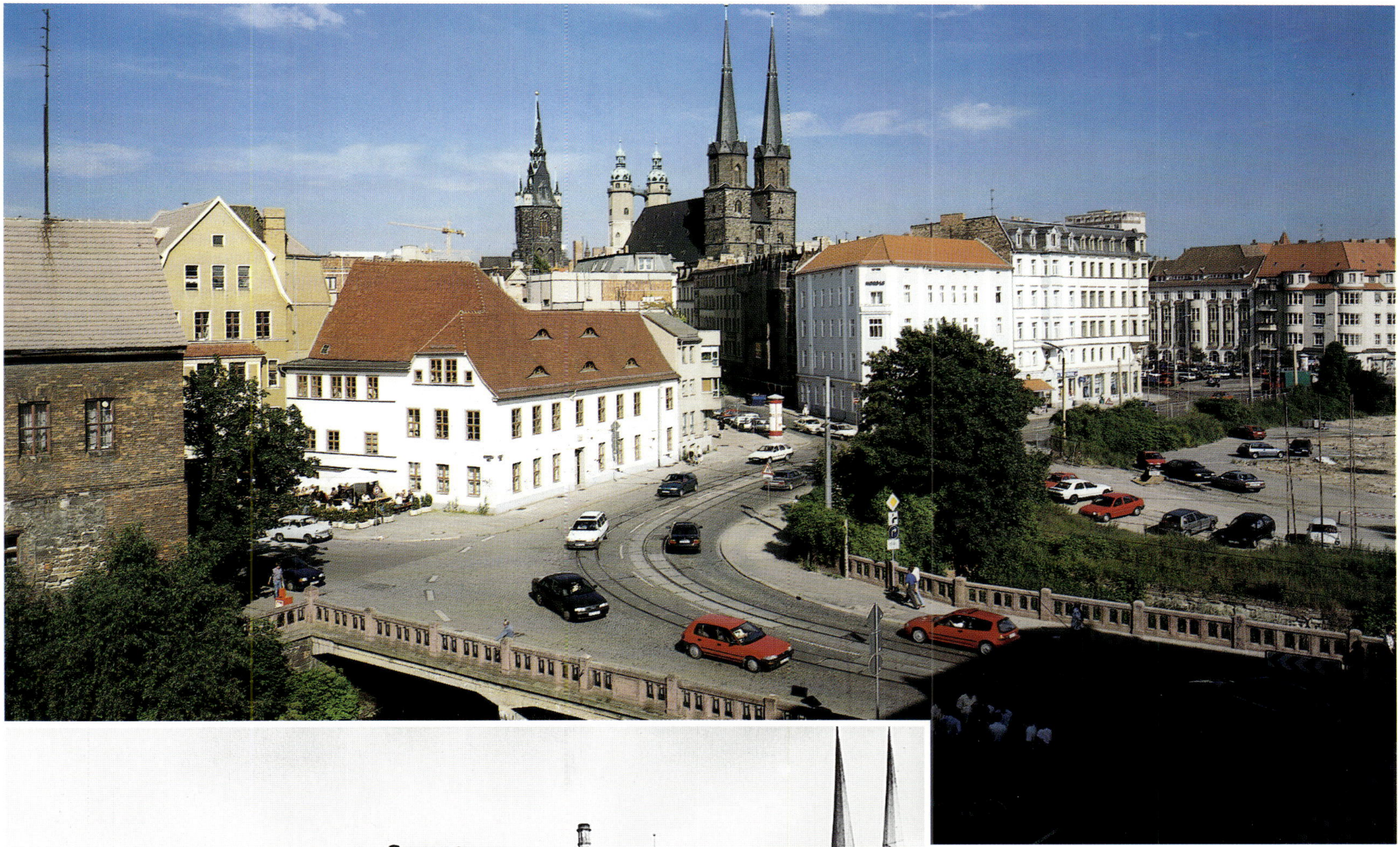

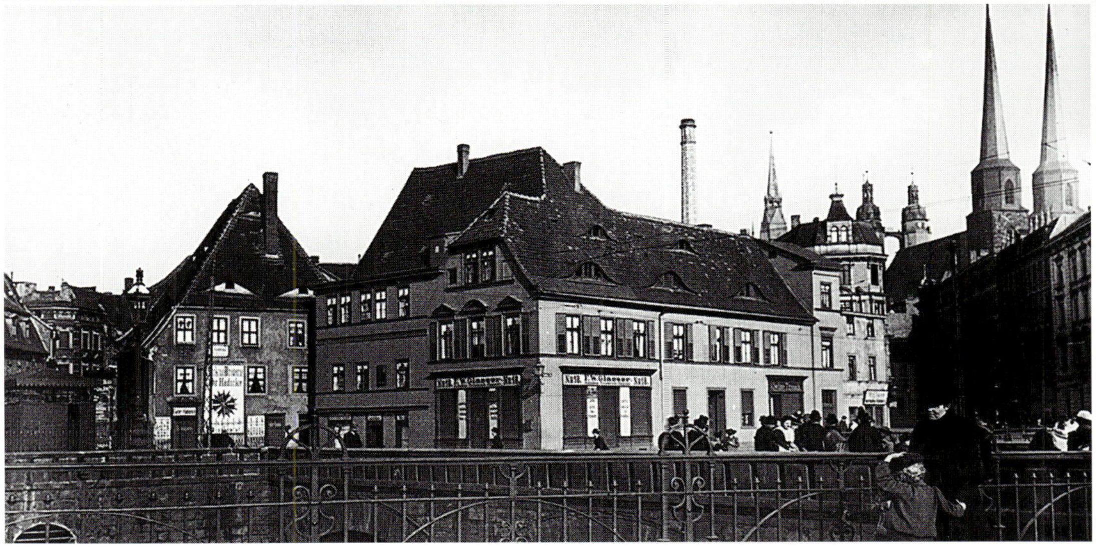

Von der Klausbrücke am Mühlgraben blicken wir auf den Hallorenring und in die Große Klausstraße. Rechts liegt die Schlucht der Hackebornstraße, über der die Spitzen der fünf Türme aufragen *(Foto S. 45)*. Das neue Panorama *(Foto S. 45 oben)* zeigt, daß die schönsten Häuser dieser Ecke erhalten geblieben sind und restauriert wurden. Der Blick reicht von der Residenz (rechts) bis zum Hallmarkt. In der Bildmitte die erneuerten Gebäude „Reformhaus“ und das „Friedemann-Bach-Haus“ (Gedenktafel).

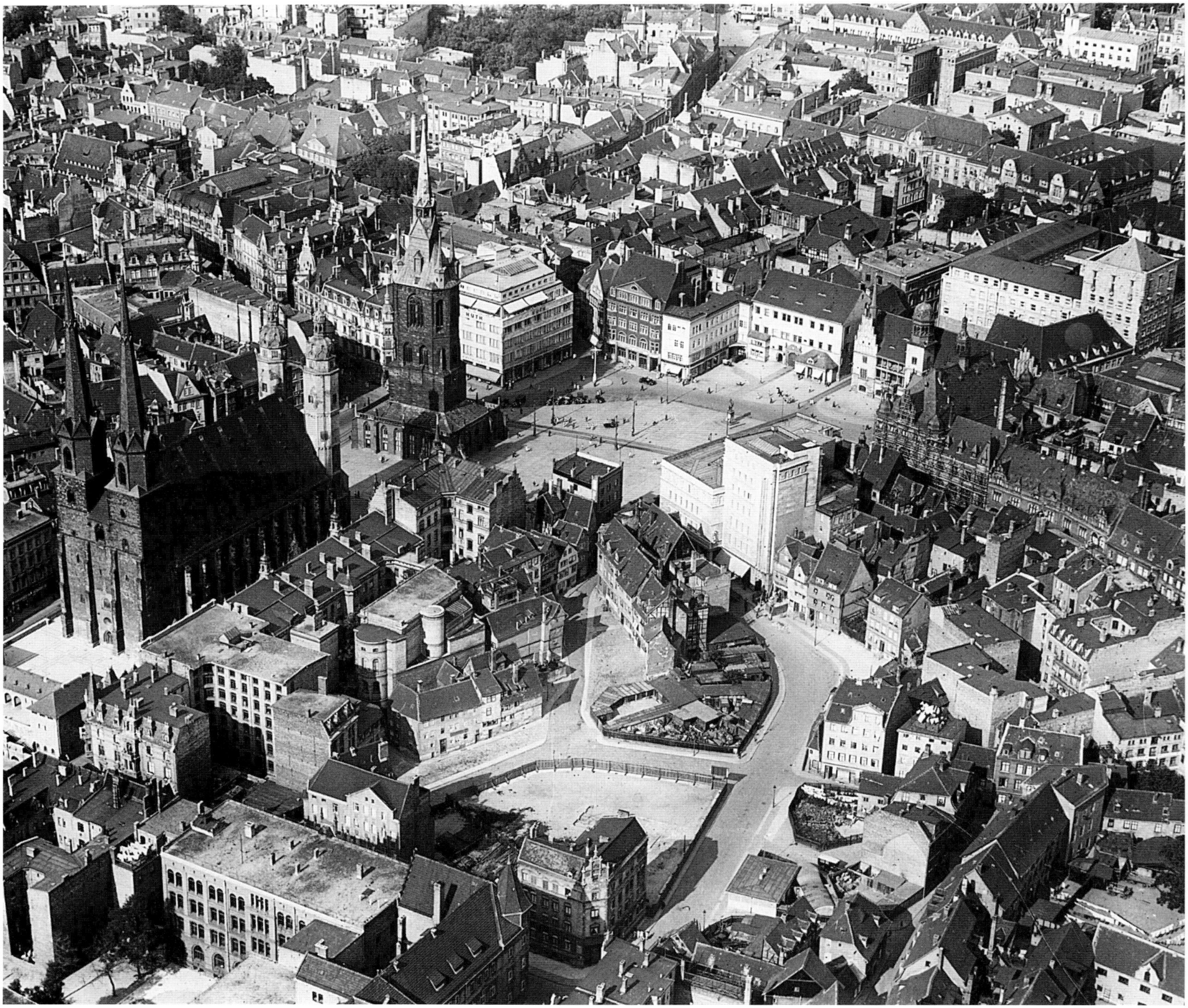

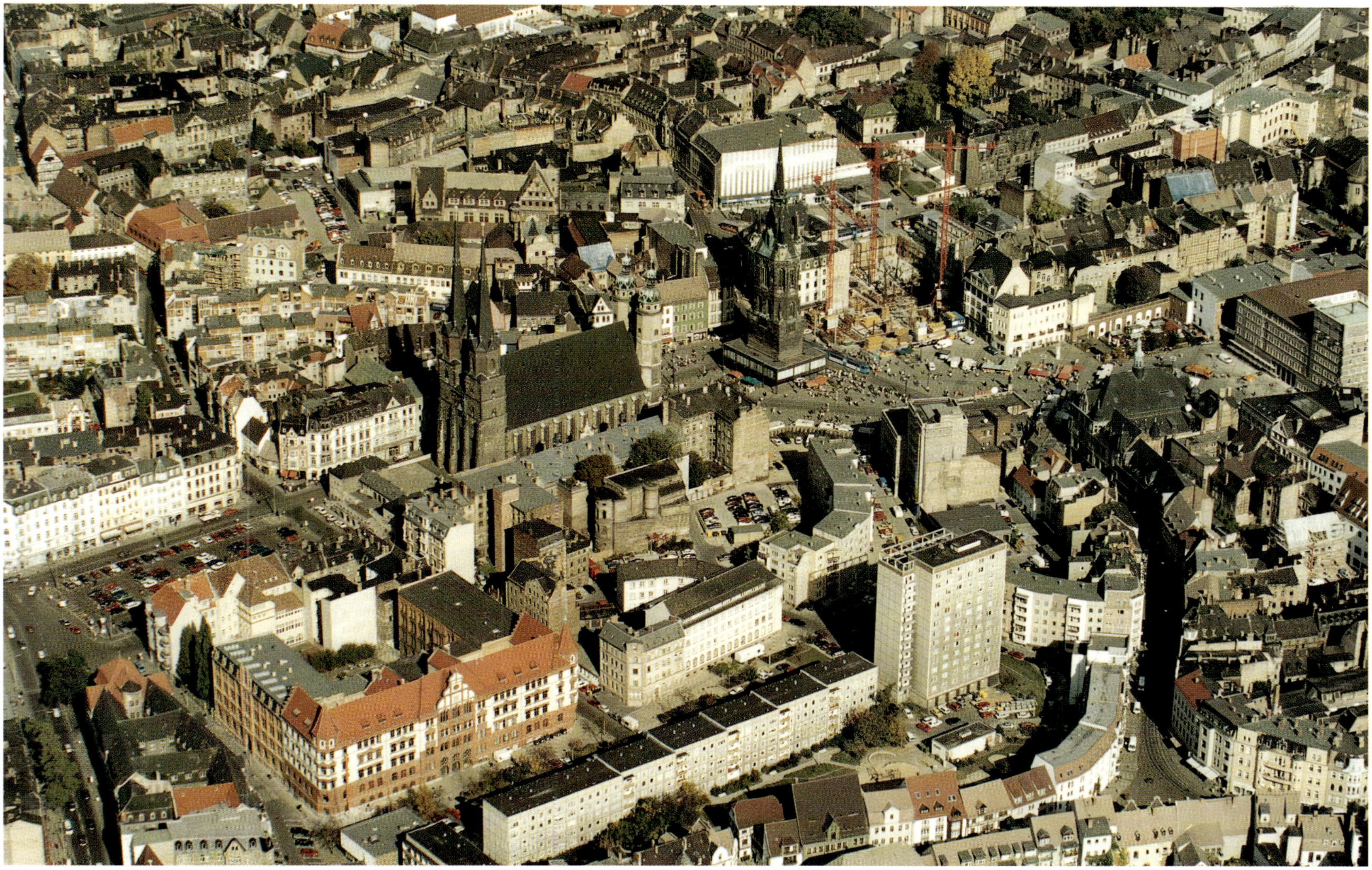

Der Vergleich zwischen einer alten Vorkriegsaufnahme *(Foto S. 46)*, und einem Luftbild der Gegenwart *(Foto S. 47)* zeigt trotz mancher Veränderung, hervorgerufen durch Bombenschäden, Abrisse und Neubauten, die eindrucksvolle Geschlossenheit des Altstadtzentrums. Der weite Marktplatz mit den fünf Türmen (Marktkirche, Roter Turm) als Wahrzeichen der Stadt liegt in ihrer Mitte. Besonders vermissen wird der Betrachter unten das großartige Alte Rathaus mit seinem Barockflügel und das daneben liegende Wagegebäude, oben noch zu sehen, die in den letzten Kriegstagen zerstört wurden. Dahinter steht das als „Ratshof" erbaute Verwaltungsgebäude der Stadt, das nur geringen Schaden erlitten hatte. Läßt das obere Bild noch eine Reihe von alten Häusern des Trödelviertels (Schülershof) erkennen, so zeigt das untere, daß jetzt auch die letzten dieser Häuschen verschwunden sind.
Das alte Salinenquartier wartet seit langem auf eine Neugestaltung, deren Anfänge mit dem Hochhaus Schülershof am Alten Markt wenig geglückt scheint.
Beide Aufnahmen verdeutlichen jedoch, wie noch heute die meisten Altstadtstraßen in schwungvollen Bögen, oft mit städtebaulich wirkungsvollen Sichtwinkeln, auf den Marktplatz einmünden.

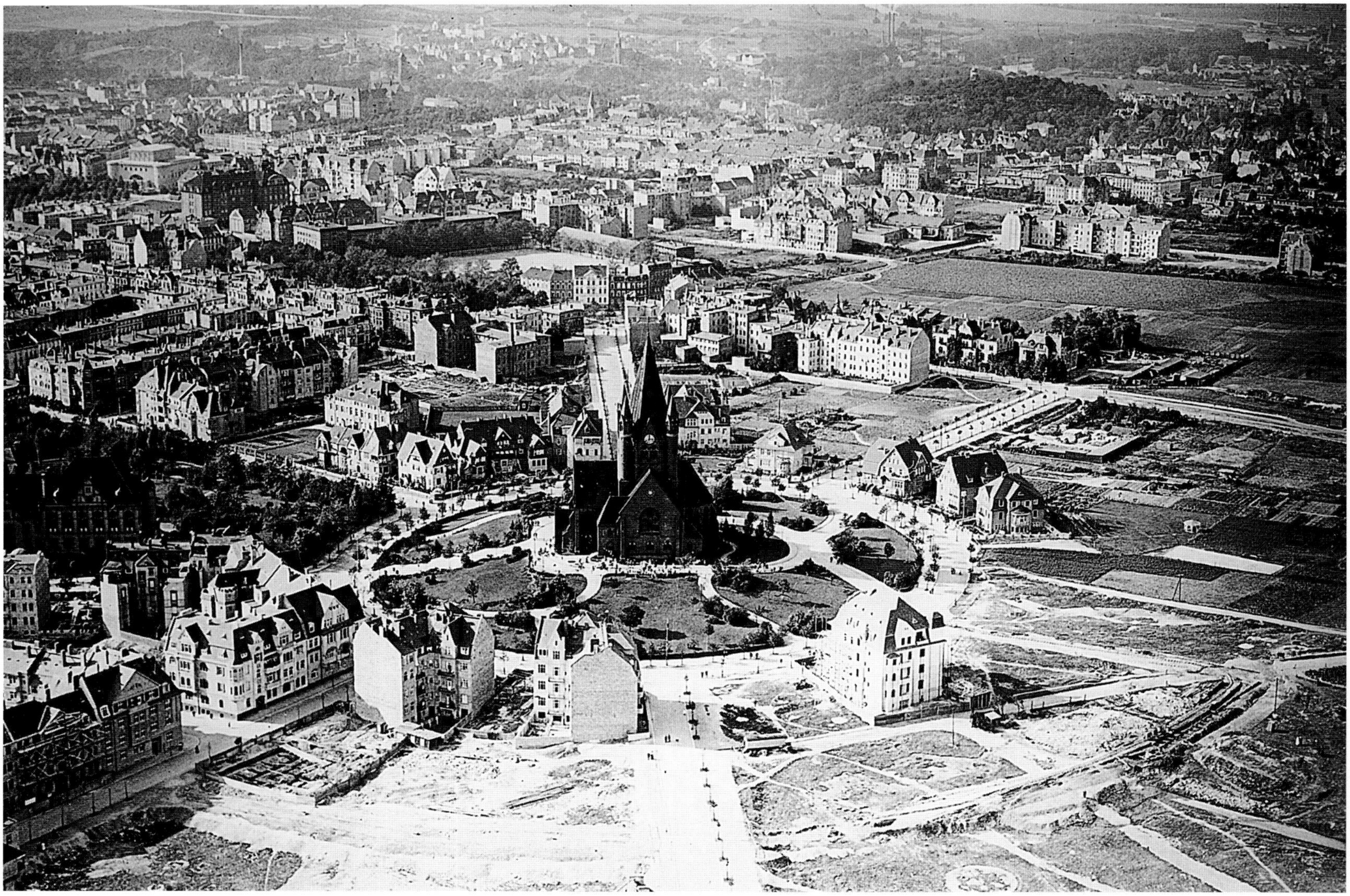

Pauluskirche im Paulusviertel um 1920.

Die Paulskirche im Norden Halles wurde am 6. September 1903 im Beisein der deutschen Kaiserin Auguste Viktoria festlich eingeweiht. Das Gotteshaus, mittelalterlicher Backsteingotik nachempfunden, liegt auf der Anhöhe des Hasenbergs und bildet den Mittelpunkt des Paulusviertels, dessen Straßen sich ringförmig um die Kirche ziehen. Das Quartier, mit seinen schönen Villen und stattlichen Wohnhäusern, ist bis heute ein unverwechselbarer Bestandteil des Stadtbildes von Halle. Im Vergleich zur gegenwärtigen Situation in diesem Bereich Halles dokumentiert diese Aufnahme zum Abschluß noch einmal eindrucksvoll den Wandel des Stadtbildes in den letzten 80 Jahren.